उपशीर्षक

कुमार अम्बुज

राधाकृष्ण प्रकाशन

ISBN : 978-93-91950-36-1

उपशीर्षक

पहला संस्करण : 2022

मूल्य : ₹495

प्रकाशक

राधाकृष्ण प्रकाशन प्राइवेट लिमिटेड

जी-17, जगतपुरी, दिल्ली-110 051

शाखाएँ : अशोक राजपथ, साइंस कॉलेज के सामने, पटना-800 006

पहली मंजिल, दरबारी बिल्डिंग, महात्मा गांधी मार्ग, प्रयागराज-211 001

36 ए, शेक्सपियर सरणी, कोलकाता-700 017

वेबसाइट : www.radhakrishnaprakashan.com

ई-मेल : info@radhakrishnaprakashan.com

मुद्रक

बी.के. ऑफसेट

नवीन शाहदरा, दिल्ली-110 032

UPSHIRSHAK

Poems by Kumar Ambuj

मेरा काम है कि मैं आपको सुनने, कुछ महसूस करने और सबसे ज़्यादा कुछ देखने के लिए तैयार कर सकूँ। बस यही, और यही सब कुछ है।

—जोसेफ़ कोनराड

क्रम

लम्बी कविता

जब एक पोस्टर का जीवन

जिस पहलक़दमी के लिए हमें
एक मिनट भी इन्तज़ार नहीं करना चाहिए
हम उसके लिए एक साल, पाँच साल, बीस साल
न जाने कितने वर्षों तक प्रतीक्षा करते चले जाते हैं
जैसे प्रतीक्षा करना भी जीवन बिताने का कोई उपाय है

जब ऋतुओं के अन्तराल में पतझर आता है
हम आदतन करने लगते हैं अगले मौसम का इन्तज़ार
लेकिन देखते हैं यह तो पलटकर वापस आ गया है पतझर
तब नष्ट होते चले जाने के दृश्य
चारों तरफ़ चित्रावली की तरह दिखने लगते हैं

मुड़कर देखने पर दूर तक कोई दिखाई नहीं देता
न किसी के साथ चलने की आवाज़ें आती हैं
तभी अचानक प्रकट होती हैं कुछ इच्छाएँ
कहती हैं हम अन्तिम हैं
हमें एक पुराना नीला फूल खिलते हुए देखने दो
देर रात तक बैठने दो गली के लैम्पपोस्ट के नीचे
दोस्त के साथ बचपन के शहर में रात का चक्कर लगाओ
यह जानते हुए कि उस पौधे की प्रजाति ख़त्म हो चुकी है
लैम्पपोस्ट का क़स्बा कब का डूब में आ गया
और दोस्त को गुज़रे बीत गया है एक ज़माना
इच्छाओं से कहता हूँ तुम अन्तिम नहीं हो
असम्भव हो

आगे चलते हुए वह एक अकेला बच्चा मिलता है
जो रास्ते में मरी चिड़िया देखकर
इस तरह रोने बैठ जाता है
जैसे ज़िन्दगी में पहली बार अनाथ हुआ हो
प्रतीक्षा-भरी इस अनिश्चित दुनिया में
वह भोर के तारे को उगता हुआ देखता है
फिर उसे अस्त होते हुए
सभ्यता की राह में आगे दिखती हैं वे दीवारें
जिन पर लगाए पोस्टर फाड़ दिए गए हैं

चलते-चलते हम आ गए हैं उस जगह
जहाँ एक पोस्टर तक का जीवन ख़तरे में है
और सबको अन्दाज़ा हो जाता है कि अब
मनुष्यों का जीवन और ज़्यादा ख़तरे में पड़ चुका है।

2020

सच्ची तस्वीर

बाक़ी अंग बरामद नहीं हुए
लेकिन वे मेरे पिता ही थे जो मारे गए
यह उनके एक पाँव के जूते से तय हुआ
राजकीय सम्मान के साथ जूते की अन्त्येष्टि करते हुए
जयकारों के बीच उन्हें बार-बार कहा गया शहीद

जूते की तस्वीर हमने नहीं उतारी
वह उस दिन के किसी अख़बार में हो सकती है
तीन-चार दिन भीड़-भाड़ रही, अब हम अपने अकेलेपन में
पिता की नौकरी पर जाने से पहले की वह तस्वीर देखते हैं
जिसमें शहीद होने की कोई कामना नहीं दिखती
परिवार पालने का स्वप्न टिमटिमाता है।

2020

धरती का विलाप

दुख उठाने के लिए स्त्रियाँ ही बची रह जाती हैं
मानो उनका यही जीवनचक्र है : सुख देना, दुख सहना
और नए दुखों की राह तकना
पार्श्व में संगीत गूँजता है विलाप की तरह
वाद्य यंत्र अपना काम करते हैं
बन्दूक़ें अपना

विस्थापन की मुसीबत में नदी भी एक दिन
आदमियों, मकानों और पेड़ों को घेर लेती है
लेकिन बाढ़ में घिरी एक अकेली स्त्री
किसी दूसरी ज़मीन पर जाने से इनकार कर देती है
डूबते घर के सेहन में बैठकर
निष्कम्प देखती है गूँगा हाहाकार और मृत्यु
वह जानती है कि नौकाएँ भी दुखों को
इस पार से महज़ उस पार ही लेकर जा सकती हैं

एक उम्रदराज़ घर बीच में खड़ा होकर
अपनी खिड़कियों से परदे हटाकर झाँकता है
लोगों की परछाइयाँ नदी की अतिशयोक्ति में झिलमिलाती हैं
वह देखता है घर से बाहर क़दम रखते ही हर जगह
हर आदमी शरणार्थी हो जाता है
आँगन में सूखते हुए कपड़े सूखते रहते हैं
ओस, नमी, आँसू, ख़ून, उन्हें पूरी तरह सूखने नहीं देते
रंगशालाएँ और सभागार बदल जाते हैं शरणस्थलियों में
ईर्ष्या, नफ़रत और क्रूरता अन्तिम वक़्त तक पीछा करती है

सारे पात्र अभिनय करने की कोशिश कर रहे हैं
केवल घटनाएँ हैं जो बिना अभिनय के घट रही हैं

अचानक पति का साथ छूटता है तो याद आता है बेटा बचा है
जब बेटा छूटता है तो याद आता है पति पहले ही छूट चुका है
नृशंसता के युग में हर आकांक्षा, हर जगह बरबाद हो जाती है
घरों के भीतर गृहस्थी का टूटा-फूटा सामान भी नहीं दिखता
रात में सैक्सोफ़ोन की आवाज़ बारिश को स्तब्ध करती है
और औंधे मुँह गिरकर कीचड़ में सन जाती है
गिटार से वायलिन की जुगलबन्दी हवा में है
लेकिन हवा में तैरती उमस
हर संगीत को विफल कर देती है

आदमी भी हर तकलीफ़ झेलता जाता है छाती पर
और बैठे-बैठे ही या धीरे-से लुढ़कते हुए अकस्मात
सूचना देता है : बस, बहुत हुआ
अब रंगमंच पर ख़ाली कुर्सियों का सूनापन
उनकी आकांक्षा, उनका अवसाद आपके सामने है
वहीं आप संगीत की उदासी में थिरक सकते हैं
या लड़खड़ाकर गिर सकते हैं

हाथ में हाथ डालकर चलते रहने से भी
न अकेलापन ख़त्म हो पाता है, न निर्वासन, न भय
लैम्प की रोशनी का उजास गिरता है जीवित चेहरों पर
देख सकते हैं थकान और आतंक की स्याही अमर है
प्रिय चीज़ें अधूरे स्वेटर की तरह उधड़ती रहती हैं
सूखती सफ़ेद चादरों पर बनते हैं उँगलियों के निशान
जैसे कोरे कैनवस पर हल्के हाथों से
लगाया जा रहा हो रक्तिम ब्रश

नेपथ्य में से रेलगाड़ी शोकाकुल सवारियाँ ढोकर लाती है
लाचारी का धुआँ पटकथा को काला कर देता है
नदी किनारे, भूरी ज़मीन पर बिखरी लाशें
करती हैं अपनों के रुदन का इन्तज़ार

और अपनी उन क़ब्रों का जो उन्हें कभी नसीब नहीं होतीं
सुनसान पठारों पर भी गश्त जारी है जहाँ मरण का शोक
मिट्टी में मिलकर मिट्टी के रंग का हो गया है

दो प्रेमी, दो बच्चे, दो भाई चले जाते हैं अलग रास्तों पर
एक स्त्री की मृत्यु उन्हें कुछ देर के लिए इकट्ठा करती है
एक स्त्री अपने सन्निपात में
अपना दुख बताने की बार-बार कोशिश बेकार करती है
एक स्त्री उसे सांत्वना देते हुए अपने ही सन्ताप में गिर पड़ती है
एक स्त्री का अनश्वर आर्तनाद उठता है
वही है अन्त, वही है अनन्त
वही बचा रहता है।

2020

(थियो एंजेलोपोलस की फ़िल्म 'द वीपिंग मैडो' के लिए आदरांजलि)

दैत्याकार संख्याएँ

बार-बार पूछा जाता है तुम कुल कितने हो
कितने भाई-बहन, कितने बाल-बच्चे, कितने संगी-साथी
तुम्हारे माँ-बाप मिलाकर कुल जमा हो कितने
अन्दर कितने और बाहर कितने?

मैं थोड़ा सोच में पड़ जाता हूँ और अपने साथ
कुछ पेड़ों को जोड़कर बताता हूँ, कुछ इतिहासकारों,
वैज्ञानिकों, कुछ पुरानी मूर्तियों को करता हूँ शामिल
कवियों, विचारकों, कहानियों के पात्रों, पूर्वजों को,
कुछ किताबों और आसपास के ज़िन्दा लोगों को गिनता हूँ

वे हँसकर कहते हैं हम रोज़ काट रहे हैं हज़ारों वृक्ष
बुद्धिजीवियों को डाल दिया है स्टोन-क्रशर में
तोड़ी जा चुकी हैं तमाम मूर्तियाँ
तुम्हारी कथाओं के पात्रों को दिखा दिया है बाहर का रास्ता
दुरुस्त हो गए हैं पाठ्यक्रम, बन्द कर दी हैं लाइब्रेरियाँ
उधर देखो, ज़िन्दा ही जलाए जा रहे हैं तुम्हारे ज़िन्दा लोग
इन्हें घटाओ और अब बताओ
इन सबके बिना तुम कितने हो?

और ज़रा सोचो तुम इतने कम क्यों हो
इतने ज़्यादा कम हो कि सन्दिग्ध हो
कुछ तो है तुम्हारे ही साथ गड़बड़
जो तुम हर जगह, हर युग में अकेले पड़ जाते हो
अपनी जाति, अपने धर्म, अपने ही देश में कम पड़ जाते हो
इतने कम होना ठीक नहीं

इतने कम होना राजनीति में मरणासन्न होना है
जीवन में इतने कम होना जीवन पर संकट है
इतने कम होने का मतलब नहीं होना है
इतने कम होना दृश्य में अदृश्य हो जाना है

आख़िर कहता हूँ—हाँ भाई,
सचमुच मैं इतना ही कम हूँ और अकेला हूँ
वे कई लोग हैं, हथियारबन्द हैं, हर तरह से ताक़तवर हैं,
लेकिन आश्वस्त नहीं हैं, उन्हें लगता है कुछ छिपा रहा हूँ
वे जारी रखते हैं अपनी तीसरे दर्जे की पूछताछ :
    इतने बहुमत के बीच तुम कैसे रह सकते हो अकेले
    तुम एक राष्ट्र में निवास करते हो किसी गुफ़ा में नहीं
    इस तरह कई लोग अगर रहने लग जाएँ अकेले
    तो हमारे बहुत ज़्यादा होने का क्या मतलब है
    यह अकेले होना तो कोई षड्यंत्र है
    जब तक तुम इस तरह अकेले हो ख़तरा हो
    बताओ, तुम कुल कितने जन अकेले हो?

ज़रूरी है गिनती
पता तो चले कि तुम ऐसे कैसे अकेले हो
जो अपने साथ जंगलों को, कीट-पतंगों, दार्शनिकों,
उपन्यासों, मिथकों, पुरखों और पहाड़ों को जोड़ लेते हो
भरमाते हो सबको, हरदम बहुमत को ग़लत बताते हो
कहते हो अकेले हो लेकिन सड़कों पर तो तुम
ज़्यादा दिखते हो, मारने पर भी पूरे नहीं मरते हो
हम सबके लिए मुसीबत हो, हम जो इतने ज़्यादा हैं
जिन्हें तुम कुछ नहीं समझते
मगर भूल जाते हो कि हम बहुमत हैं
भूल जाते हो कि हम हैं : दैत्याकार संख्याएँ।

2019

शीर्षक उपशीर्षक

इतना राष्ट्रवाद है कि किसी से क्षमा-याचना नहीं की जा सकती
इस प्रदूषण में साफ़ हवा बची है केवल चैम्बर ऑव कॉमर्स में
उड़ती हुई धूल ने नष्ट कर दी है धूप की प्रसन्नता
एक मुट्ठी मृदा परीक्षण में मिला है छह किसानों का रक्त
आक्रामक चापलूसी को मीडिया ने बना दिया है प्रतियोगिता
यह नैतिकता है जो परेशान करती है और क्रोध दिलाती है
प्रेमचन्द अपना जीवन काट लेते स्कूल इंस्पेक्टर की तरह
तो बहुतेरे आलोचकों का संकट दूर हो जाता
बगीचों में खिले हैं फूल लेकिन वर्जित है बच्चों का प्रवेश
बाज़ार की जगर-मगर ने ग़रीब की निरीहता कर दी है उजागर
सर्वे की रिपोर्ट है लोग कर रहे हैं नियमों का उल्लंघन
लोग कह रहे हैं नियमों ने कर दिया है जीवन का उल्लंघन
अभी-अभी राजप्रमुख ने एक हत्या को उस तरह दी है स्वीकृति
जैसे ताक़तवर देश किसी नए पिछलग्गू देश को देता है मान्यता
आदमी अपने घर का नम्बर भूलता है तो प्राकृतिक सहारे की उम्मीद में
एक पेड़ के तने से टिका देता है अपना सिर
तब उसे पता चलता है यह पेड़ तो प्लास्टिक का है।

2017

एक अधूरी कहानी

आख़िर कहाँ है इनकी ज़मीन, कितना है इनका रक़बा
क्या ये इस घर में, इस पेड़ के नीचे, इस नदी किनारे
इस तलहटी में जीवन-भर रह सकते हैं
या तुम्हारे द्वारा खींच दिए घेरे के बाहर
एक क़दम भी रख देंगे तो हो जाएँगे निर्वासित

जैसे वस्तुओं को, जानवरों को नहीं पता होता
कि वे कहाँ के लिए ले जाए जाते हैं
इन लोगों को भी नहीं पता
वे किस सफ़र में धकेले जा रहे हैं
उन्हें बस अन्देशा है, जिसमें जुड़ते जाते हैं नए अन्देशे
वे आशंका की सवारी में ही कर रहे हैं यात्रा
और जान चुके हैं जब तक सफ़र में हैं
बस, तब तक ही वे शरणार्थी नहीं हैं

यह समय भी हो गया है कुछ अजीब
इसमें शीत, धुएँ, धुंध, बादल के कई परदे हैं
मशक़्क़त के बाद कभी झीनी-सी धूप झाँकती है
तो इनकी परछाईं भी ठीक से नहीं बनती
जबकि कल तक इन सबका एक घर था
आग थी, पानी था, बिस्तर था
इन्तज़ार था, एक खुली जगह थी, आसमान था
फैली हुई बाँहें थीं, उगते हुए पौधे थे और तारे
एक देह थी जिसमें छिप सकते थे
एक कोना था जहाँ सुबक सकते थे

इन्हें अन्दाज़ा है जो पीछे छूट गए वे मारे जा चुके हैं
जो आगे जा रहे हैं मरने के लिए जा रहे हैं
जो अभी ज़िन्दा हैं, ख़ुश दिखते हैं या नाराज़
इन सबमें बस एक समानता है :
ये सभी मौत को पीछे छोड़कर आए हैं
और जानते हैं उनके लिए हर शब्द का,
हर चेष्टा, हर चीज़ का पर्यायवाची मृत्यु है

वे बताएँगे किस तरह हर चीज़ में से झाँकती है मृत्यु
पेड़ से, खिड़की से, टूटी दीवार से, अँधेरे से, रोटी से,
सहानुभूति से, कुर्सी और हथेली की ओट से
वे तर्जनी से दिखा देंगे हर जगह मृत्यु है :
सड़क पर, आकाश में, हँसी में, तुम्हारी आँखों में,
चाय की केतली में, कचहरी में, इस किताब में,
इन कपड़ों में, तुम्हारी विनम्रता में, इस सवाल में,
सब जगह मृत्यु है और हमलावर है
जिससे भी कहा जाता है तुम ज़िन्दा रहोगे
सुबह उसकी ही लाश सबसे पहले मिलती है

ये ज़िन्दा होकर भी इकट्ठे नहीं होते
और एक-एक करके मरते चले जाते हैं
वही पुरातन कहानी है जो हर बार नई हो जाती है

विस्थापन ने, अनिश्चितता ने इन्हें पूरी तरह बदल दिया है
अब इनमें से इनका कुछ भी पुराना बरामद नहीं किया जा सकता
याद दिहानी का कोई निशान नहीं बचा, माथे की चोट वैसी नहीं रही,
जो नए घाव हैं उनका कोई ज़िक्र पहचान पत्र में नहीं
तस्वीर खींचो तो किसी दूसरे ही आदमी की तस्वीर निकलती है
पसीने की गंध बदल गई है इतनी कि अन्तरंग क्षणों में
इनका प्रिय इन्हें किसी और नाम से पुकारने लगता है
तब विश्वास हो जाता है कि अजनबीयत ही इनका हासिल है

अपनी जगह से उजड़े निष्कासित आदमी को
आप किसी भी नाम से पुकारें, वह चौंककर

इस तरह देखेगा जैसे वही उसका नाम रहा हो
और जब उससे कभी कोई दुलार से कहता है कि आओ,
यह मेरा घर है लेकिन इसे तुम अपना ही समझो
तो याद आता है : हाँ, उसका अब कोई घर नहीं है

उसी वक़्त बग़ल से गुज़रती है एक रेलगाड़ी
हर डिब्बे से उठती है रुदन की आवाज़
मातम है कि कभी ख़त्म ही नहीं होता
रेल की सीटी और धड़-धड़ की आवाज़ भी
हो जाती है उसी मातम का हिस्सा
टूट चुके हैं आँसुओं के नियम
अवसाद एक नैतिक सूचना भी नहीं देता
और जुट जाता है भीतर की तलाशी में
उदासी अपने सूनेपन में सब देखती रहती है चुपचाप
लोहे और सोने पर ज़ंग लग रहा है एक साथ
गुमशुदा चीज़ें कहीं मिलती हैं तो पहचान में नहीं आतीं
आदमियों के बारे में यह बयान पहले ही दिया जा चुका है

अन्त में वे बच्चों को
अपनी त्रासदियाँ किसी कहानी की तरह सुनाते हैं
और उसे अधूरी छोड़ देते हैं क्योंकि यह अधूरी ही है
वे कहते हैं यह अब उस तरह पूरी होगी
जैसे मेरे बच्चो, हम चाहेंगे और तुम चाहोगे।

2020

ख़तरा

क्या तुम्हारे पास कोई गवाही है कि तुम सपरिवार
अँधेरे में दोनों हाथ ऊपर उठाये जंगलों में धकेले गए
तुम्हारे सामने ही लूटी गई बच्चियों की अस्मत
और तुम्हारे पिता गश खाकर गिर पड़े तो तुम्हें
उन सबके ऊपर पाँव रखकर जाने के लिए मजबूर किया

गवाही लाओ कि तुम भूखे-प्यासे रहे और मीलों तक
पैदल चलकर बमुश्किल तुमने अपनी जान बचाई
कि तुम पर बिना बात ही बरसाई गईं लाठियाँ
मारा गया बन्दूक़ के कुंदों से

इस बात की गवाही तो ज़रूर होगी तुम्हारे पास
कि आधी रात में तुम अकेले आकाश के नीचे बिलखते थे
कोई नक्षत्र, कोई तारा, चन्द्रमा की कोई कला
ओस की एक बूँद, कोई तो होगा साक्षी

तुम क्या कह सकते हो, बस चुप रह जाते हो
जैसे चुप्पी में ही कहते हो : शर्मिंदगी की,
यातना की, क्रूरता की गवाही नहीं है मेरे पास
लेकिन स्मृति है।

2020

रोटी, कम्बल और पैरासिटामॉल

कई बार रखी गईं माँगों को फिर रखता हूँ
कि दो वक़्त की चाय और तीन वक़्त की रोटी चाहिए
दो जोड़ी कपड़े और रोशनीवाला हवादार कमरा चाहिए
वित्त मंत्री भला करें रिज़र्व बैंक का या न करें
मगर मुझे चटनी के लिए थोड़ा-सा हरा धनिया चाहिए

ठेले-खोमचेवालों से भी छोटी-मोटी चीज़ों का
करना पड़ता है मोल-भाव जो बिलकुल सुहाता नहीं
लेकिन टैक्स और महँगाई इतनी है कि करना पड़ता है
आप कम कर दें भले सचिवालय का स्टाफ़
या बन्द ही हो जाए बिना काम का कोई मंत्रालय
मगर मुझे दाल, चावल, कम्बल और कैल्सियम चाहिए

अनगिन मुश्किलें हो गई हैं चारों तरफ़
देशव्यापी वीरताओं की नृशंसताओं से पटे हुए हैं अख़बार
मुझे सिरदर्द है, दुख रहा है बदन, चढ़ आया है बुख़ार
इस हालत में मुझ नागरिक को
किसी का वक्तव्य नहीं चाहिए, पैरासिटामॉल चाहिए।

2017

सरकारी मौत एक अन्धविश्वास है

उसे आज तक किसी ने ठीक से देखा नहीं
लेकिन वायरस की तरह वह हर जगह हो सकती है
जैसे ही प्रतिरोधक क्षमता कम होती है वह दबोच लेती है
कोई भागता है तो पीछे से लग जाती है गोली
खड़ा रहता है सामने तो माथे पर हो जाता है सूराख़

तब आता है सरकारी बयान
कोई मरा नहीं है सिर्फ़ लापता हैं कुछ लोग
फिर इन लापता आदमियों की खोज में
मरने लगते हैं तमाम लोग थाने में, कचहरी में,
सचिवालय और अस्पताल के बरामदों में
खेत-खलिहानों में, क़तारों में, भीड़ में, गलियों में
वे बहुमत की ख़ुशियों के वसन्त में पत्तों की तरह झरते हैं
हवाएँ उन्हें उड़ा ले जाती हैं अन्तरिक्ष में

न्यायिक जाँच में भी कुछ पता नहीं चलता
लोग मरने लगते हैं इस तरह कि उन्हें ख़ुद पता नहीं चलता
मरे हुए आदमियों का कोई घर नहीं होता
उन्हें खदेड़ दिया जाता है फ़ुटपाथ से भी
उनसे हर कोई हर जगह सिर्फ़ काग़ज़ माँगता है
पत्नी, बच्चे, पड़ोसी सब कहते हैं काग़ज़ लाओ, काग़ज़ लाओ
सरकार भी दिलासा देती है तुम ज़िन्दा हो, बस, काग़ज़ लाओ
काम-धाम, खाना-पीना, हँसना-बोलना छोड़कर वे खोजते हैं काग़ज़
मगर उनकी दुनिया में वह काग़ज़ कहीं नहीं मिलता

फिर वे ख़ुद कहने लगते हैं हम तो सदियों से मरे हुए हैं,
हम गर्भ में ही मर गए थे, हमारे पास कोई काग़ज़ नहीं था
हम नैसर्गिक मृतक हैं, हमारे पास कोई काग़ज़ नहीं है
हमारे पितामह धरती पर काग़ज़ आने से पहले ही रहने आ गए थे
और वे सब कब के दिवंगत हुए, कोई काग़ज़ छोड़कर नहीं गए

सरकार कहती है हम किसी को नहीं मारते
भला हम क्यों मारेंगे मगर लोगों को लोगों के द्वारा
लोगों के लिए बनाए क़ानून का पालन करना चाहिए
सरकारी मौत एक अन्धविश्वास है
सब अपनी ही मौत मरते हैं
अख़बार और टीवी चैनल दिन-रात इसी सत्य की याद दिलाते हैं।

2019

ओ, न्याय की देवी

तुम्हारे सामने अगली पेशी पर
इस तकलीफ़ की कथा दुबारा शुरू होगी
अभी सँभाल कर रखे जा रहे हैं काग़ज़
आर्तनाद, याददाश्त और छूटे हुए धागे

एक असन्दिग्ध गवाही की ज़रूरत भी होगी
लेकिन कोई पुरानी नज़ीर और एक नई तकरीर
न्याय को कर देगी मजबूर

यह रोज़मर्रा की बात है
इसलिए तुम्हें ख़ास अफ़सोस भी न होगा
कि तुम्हारे ही सामने एक स्त्री ने
आगे कुछ भी बयान देने से इनकार करते हुए
धीमी, थकी लेकिन साफ़ आवाज़ में कहा था :
नहीं, मुझे यह न्याय नहीं चाहिए

और उस बूढ़े की बुदबुदाहट भी तुम्हें याद होगी—
इस न्याय से तो अन्याय ही बेहतर होता।

2016

यदि तुम नहीं माँगोगे न्याय

यह विषयों का अकाल नहीं है
यह उन बुनियादी चीज़ों के बारे में है
जिन्हें बार-बार करना पड़ता है याद
जिन्हें थककर या खीझकर
कचरा-पेटी में नहीं डाला जा सकता

जैसे कि न्याय—
    जो बार-बार माँगने से ही मिल पाता है थोड़ा-बहुत
    और न माँगने से कुछ नहीं, सिर्फ़ अन्याय मिलता है
    आफ़त यह है कि यदि तुम नहीं माँगोगे
    तो वह समर्थ आदमी अपने लिए माँगेगा न्याय
    और तब सब मज़लूमों पर होगा ही अन्याय

कि जब कोई शक्तिशाली या अमीर या सत्ताधारी
लगाता है न्याय की गुहार तो दरअसल वह
एक वृहत, वैश्विक और विराट अन्याय के लिए ही
याचिका लगा रहा होता है।

2015

कवि की अकड़

(अपनी राह चलनेवाले कुछ कवियों के बारे में सोचते हुए)

यों तो हर काल में कवियों को ज़िन्दा मारने की परम्परा है
हाथी तक से कुचलवाने की निर्दयता है और समकाल में तो
यह कहकर भी कि क्या पता वह ज़िन्दा है भी या नहीं
ख़बर मिली नहीं महीनों से और मोबाइल भी है पकड़ से बाहर
किसी कार्यक्रम में वह दिखता नहीं और दिख जाए तो
यकायक बीच में से हो जाता है ग़ायब
जब वह ख़ुद रहना चाहता है मरा हुआ
तो कोई दूसरा उसे कैसे रख सकता है जीवित

और वह हर किसी विषय पर लिख देता है कविता
हर बात को बदल देना चाहता है प्रतिरोध में
कहता है यही है हमारे समय का सच्चा विलाप
वह विलाप को कहता है यथार्थ और अकड़ता है
वह इतिहास लिखता है, भविष्य लिखता है और कहता है वर्तमान
हाशिये पर भी चलता है तो ऐसे जैसे चल रहा हो केन्द्र में
कि हम अधिकारियों की, पुलिस की, रंगदारों और आयोजकों की
पार्टी ज़िलाध्यक्ष और रिपोर्टर की अकड़ सहन करते आए हैं
लेकिन एक कवि की अकड़ की आदत रही नहीं
और क्यों करें उसे बर्दाश्त
क्या मिलेगा उससे होगा क्या बिगाड़

और वह कभी पाया जाता है कलादीर्घाओं में, कभी अहाते में
भटकता है गलियों में, उड़ता रहता है टूटे पत्ते की तरह
न जाने कहाँ से क्या कमाता है

माँगता किसी से कुछ नहीं, रहता है अपनी अकड़ में
इसी से सन्दिग्ध है वह और उसका रोज़गार
सन्दिग्ध नहीं है सेबी और शेयर बाज़ार
न बिल्डर, विधायक और ठेकेदार
सन्दिग्ध नहीं मालिक, सम्पादक और पत्रकार
न पटवारी, न्यायाधीश और थानेदार
सन्दिग्ध नहीं कार्पोरेट, प्रमुख सचिव और सरकार
सन्दिग्ध नहीं आलोचक, निर्णायक और पुरस्कार
सन्दिग्ध है बस कवि की ठसक और उसका कविता-संसार

जबकि एक वही है जो इस वक़्त में भी अकड़ रहा है
जब चुम्मियों की तरह दिए जा रहे हैं सम्मान
जैसे देती हैं अकादेमियाँ और स्मृति-न्यास नाना-प्रकार
और वे जिनका कविता से न कोई लेना-देना न कोई प्यार
तो परिषदों, संयोजकों, जलसाघरों के नहीं हैं कोई नियम
और मुसीबतज़दा होते कवियों का भी नहीं है कोई नियम
लेकिन एक वही है जो कहता है आपके देने के हैं कुछ नियम
तो जनाब, मेरे लेने के भी हैं कुछ नियम

वह ऐसे दौर में भी अकड़ता है जब चाहते हैं सब
कि कवि चुपचाप लिखे कविता और रिरियाये
जहाँ बुलाया जाये वहाँ तपाक से पहुँच जाए
न किराया माँगे, न भत्ता, न रॉयल्टी, न सवाल उठाए
बस सौ-डेढ़ सौ एमएल में दोहरा हो जाए
वह दुनिया-भर से करे सवाल
लेकिन अपनी बिरादरी में उसकी ताक़त कम हो जाए

आख़िर में कहना चाहता हूँ कि यदि उसकी कविता में
हम सबकी कविता मिलाने से कुछ बेहतरी हो तो मिला दी जाए
यदि बदतरी होती हो तो हम सबकी कविता मिटा दी जाए
लेकिन एक कवि की ठसक को रहने दिया जाए
कि वही तो है जो बिलकुल ठीक अकड़ता है
कि वही तो है जिसके पास कोई अध्यादेश लाने की ताक़त नहीं
वर्दी नहीं, कुर्सी नहीं, मौक़े-बेमौक़े के लिए लाठी तक नहीं

फिर भी एक वही है जो बता रहा है बेख़ौफ़
कि अकड़ना चाहिए कवियों को भी

इसे इस तरह भी कह सकते हैं
वह कविता की बची-खुची अकड़ है
जीवन पर निर्बल की सच्ची पकड़ है।

2013

इतनी धूल

इतनी धूल चली आती है जीवन में
कि मरते दम तक कोई छुड़ा नहीं सकता पीछा

चीज़ों पर बैठने के लिए वह पहले से आमादा है
उसे झाड़ते हुए एक खीझ उठती है
जो बारीक़ धूल की तरह झरती है आपके भीतर
वह जमा हो जाती है उन ऊँचाइयों पर भी
जहाँ पहुँचते नहीं किसी के हाथ

कलाकृतियों, किताबों और कपड़ों पर ही नहीं
आपके चेहरे और सिर पर भी हो जाती है सवार
किडनी में, पित्ताशय में वह इकट्ठा हो रही है लगातार
नैतिक शिक्षाओं, वक्तव्यों, उपदेशों में वही किरकिराती है
बैठ जाती है मेहराबों पर, नक़्क़ाशियों में

अन्तरिक्ष में भी है उसी का साम्राज्य
उसके अपने बवंडर हैं और पर्वत शृंखलाएँ
वह घर की दीवार में लगे पत्थर की तरह सख़्त है
और कभी आप उसे उड़ा सकते हैं महज़ एक फूँक से
आफ़त तब होती है जब वह जमा हो जाती है दिमाग़ों में
उठती है बगूलों की तरह, आँधियों की तरह

वह ताक़त की कुर्सियों पर मिलती है
और न्यायालयों के फ़ैसलों में
यही है जो जम जाती है साफ़, पारदर्शी चीज़ों पर
ज़रा-सी चूक हो तो उड़कर बैठती है वाक्यों के बीच में

अश्वमेधी काफ़िलों के पीछे छूट जाता है धूल का ग़ुबार
एक दिन सबसे ताक़तवर आदमी भी गिरता है—धप्प!
यह धूल में गिरने की आवाज़ है
निर्माण में उड़ती है वह
ध्वंस के बाद भी बची रहती है वही।

2014

अन्त का जीवन

खिड़की से दिखती एक रेल गुज़रती है
भागती हैं जिसकी रोशनियाँ, उजाला नहीं करतीं, भागती हैं
मानो पीछा छुड़ाना चाहती हैं अँधेरे से
उसकी आवाज़ थरथराहट भरती है लेकिन वह लोहे की आवाज़ है
उसकी सीटी की आवाज़ बाक़ी सबको ध्वस्त करती

आबादी में से रेल गुज़रती है रेगिस्तान पार करने के लिए
लोग जीवन में से गुज़रते हैं प्रेमविहीन आयु पार करने के लिए
आख़िर एक दिन प्रेम के बिना भी लोग ज़िन्दा रहने लगते हैं
बल्कि ख़ुश रहकर, नाचते-गाते ज़िन्दा रहने लगते हैं
पीछे छूट गई बारीक़, मटमैली रेत में
मरीचिका जैसा भी कुछ नहीं चमकता

प्रेम की कोई प्रागैतिहासिक तस्वीर टँगी रहती है दीवार पर
तस्वीर पर गिरती है बारिश, धूल और शीत गिरता है,
रात और दिन गिरते हैं, उसे ढँक लेता है कुहासा,
उसकी ओट में मकड़ियाँ, छिपकलियाँ रहने लगती हैं
चिकित्सक कहता है : इन दिनों आँसुओं का सूखना आम बात है
इसके लिए तो कोई आजकल दवा भी नहीं लिखता

एक दिन सब समझ जाते हैं
प्रेम के बिना कोई मर नहीं जाता

शहर के सारे विस्थापित जान चुके हैं
अब वे किसी गाँव-क़स्बे के निवासी नहीं रह गए हैं
हर आबादी है किसी बड़ी आबादी का उपनिवेश

धीरे-धीरे इस बात पर बन जाती है सहमति
कि रोज़-रोज़ की मेल-मुलाक़ात मुमकिन नहीं

यहाँ से कुछ ही दूरी पर जो भव्य, विराट कॉम्पलेक्स है
गूगल-अर्थ में शहर के नाम पर दिखती है इसी की तस्वीर
यही गगनचुम्बी इमारत है इस शहर का पर्यायवाची
लॉन्ग शॉट में हजारों प्रकाशमान खिड़कियों से आलोकित
यह किसी उज्ज्वल द्वीप की तरह दिखाई देती है

अलबत्ता इसी शहर में ऐसी भी खिड़कियाँ हैं असंख्य
जिनके भीतर भी रहे चले आते हैं जीवित मनुष्य
लेकिन उधर से कोई रोशनी नहीं आती
बस, जगह-जगह खिड़कियों के आकार का अँधेरा है
जिसे आसपास की रोशनियाँ और ज़्यादा गाढ़ा करती हैं।

2012

रोशनी में छिपी चीज़ें

रात में शहर की रोशनियों के उजास से
बहुत ऊँचाई तक भर जाता है आकाश
इसलिए अनेक तारे उपस्थित होते हुए भी नहीं दिखते
सिर्फ़ उन्हें बचपन की रातों में देखने की स्मृति कौंधती है

रोशनी की ओट के अन्धकार में छिपे घर के कोनों में
चूहों, छिपकलियों और तिलचट्टों का जीवन
हर हाल में चलता रहता है
और तमाम अँधेरी जगहों, तंग गलियों में
तकलीफ़ज़दा मनुष्यों का भी
जो दूसरी चकाचौंध में उसी तरह दिखाई नहीं देते
जैसे आसमान में रहते हुए अनेक सितारे

फिर एक दिन इन दृश्यों का, स्मृतियों का
कोई-सा भी मतलब ख़त्म होने लगता है
बात करना चाहो तो इन पर कोई बात नहीं करता
विषय-सूचियों से बेदख़ल हो जाती है संवेदना
या रुलाई

फिर यह जीवन
अंधा कर देनेवाली तेज़ रोशनियों से
निजात पाने की कोशिश होता चला जाता है।

2013

जैसे सब कुछ लिखा अकारथ

भाई साहब, भगवान की दया से सब कुछ है हमारे पास
घर में जिम है, म्यूज़िक रूम, होम थियेटर और विशाल लाइब्रेरी
सफ़ाई के लिए हैं चार नौकर, धूल नहीं जमने देते कहीं
चौदह फ़ार्म हाउस हैं, ट्यूबवेल हैं, पानी का लेवल अच्छा है
दूर तक जान-पहचान है सबको एक बराबर मानकर देते हैं चन्दा
सीबीआई भी दस बार सोचेगी हाथ डालने से पहले
मगर कोई एक चीज़ है जो नहीं है सो बनी रहती है बेचैनी
शराब और मौज-मस्ती इस बारे में कुछ मदद कर नहीं पाई
अब तबीयत रहती है नासाज़, लगता है कुछ है जिसकी कमी है
उसे ही करना चाहते हैं पूरा, उसी में लगा रहता है दिमाग़
बस उसी की चिंता है उसी के लिए भटकते हैं सन्तों-सद्गुरुओं के पास
मज़ार पर चले जाते हैं, कभी कला-भवन में सितारवादन सुनने
मंदिर बनवा लिया है घर में, सीख ली है विनम्रता भी
हर जगह खड़े रहते हैं हाथ जोड़कर, विज्ञापनों में, होर्डिंग तक में
लेकिन क्या चीज़ है जो नहीं है इसी का पता लगाने में जुटे हैं
आप भी कुछ मदद कीजिए, आप तो कवि हैं जहाँ न पहुँचे रवि वाले
कम से कम एक कविता कहानी ही लिख दीजिए हमारे बारे में

सुनकर सिर पकड़े बैठा हूँ
सोचता हूँ क्या अब तक का सब कुछ लिखा अकारथ हुआ।

2018

पाठ्यक्रम से बाहर

मैंने हर उस काम को ख़ुशी से किया
जिसका कोई तयशुदा पाठ्यक्रम न था, न कोई विश्वविद्यालय
जहाँ परीक्षाएँ नहीं देनी थीं, न थी उत्तीर्ण होने की कोई शर्त
और जिस काम का रोज़गार से कोई सीधा सम्बन्ध न बनता था
इसलिए मैं झरनों के पास चला गया जब मेरे बोर्ड के इम्तिहान थे
और उस रात जब इकतरफ़ा निर्णय होना था मेरे दुविधाग्रस्त प्रेम का
मैं रात में परेड ग्राउंड के चबूतरे से सप्तऋषियों को निहारता था
फिर उजड़े जंगलों में तफ़रीह करता रहा, और हर उस जगह से
ख़ुद ही भाग आया, या निकाल बाहर किया गया
जो जगहें लेती थीं औपचारिक परीक्षाएँ
आख़िर मैदा मिल के पास चाय की गुमटी पर बैठने लगा
शहर की गलियों, बाजारों, पार्कों, मैदानों में घूमता रहा
तमाम लोगों से दोस्तियाँ हुईं, झगड़ों से कोई परहेज़ नहीं किया
बगैर पाठ्यक्रम की पढ़ाई करता रहा और दुनिया के साथ बना रहा
कि मुझे कुछ घंटों से नहीं, मेरे पूरे जीवन से देखो
कोई फ़ैसला मत करो, मैं किसी का परीक्षार्थी नहीं
जिन्हें अनुत्तीर्ण कर दिया गया वे अकसर ज़िन्दगी में कुलाँचें भरते रहे
और जब मैं अपने सबसे बड़े अवसाद से गुज़र रहा था
तब स्टेडियम की विशाल गैलरी में बैठा था, बारिश देख रहा था
अंडाकार पृथ्वी धुँधले आकाश के नीचे मेरे सामने नाच रही थी
पूछती हुई मैं कैसी दिखती हूँ इस परिधान में
आप मेरा जवाब समझ गए होंगे
क्योंकि मैं उसका परीक्षक नहीं था, प्रशंसक था।

2017

शिल्प

जब सामने आया रोदाँ का बाल्ज़ाक
सब तरफ़ से उठा हाहाकार यह नहीं है बाल्ज़ाक
इसमें नहीं है बाल्ज़ाक की कोई पहचान
यह लम्बोदर, यह असुर, यह अरूप
सब कुछ हो सकता है नहीं हो सकता बाल्ज़ाक

यह ओवरकोट नहीं है बाल्ज़ाक का ओवरकोट
इस शिल्प में शामिल नहीं है लेखक की क़लम
केश-विन्यास में नहीं बाल्ज़ाक की अदा बाल्ज़ाक की लट
इसका एक नाख़ून तक नहीं है बाल्ज़ाक का नाख़ून
इस बाल्ज़ाक को बनाने में कर दिया है बाल्ज़ाक का ख़ून
इसमें कुछ भी ऐसा नहीं कि कहा जा सके इसे बाल्ज़ाक

दुखी रोदाँ चौराहे से बाल्ज़ाक को उठा लाया अपने घर
वह जानता था यह जो मेरा है यही है असली बाल्ज़ाक
वह जानता था लेखक का चेहरा नहीं होता केवल उसका चेहरा
लेखक के चेहरे में बैठ जाते हैं ज़माने भर के चेहरे
अपने वक़्त की यातनाएँ, डर, चिन्ताएँ घुल जाती हैं आँखों में
लिख दिए और न लिखे जा सके शब्द पैठ जाते हैं जबड़ों में
कनपटियों पर उतर आता है जीवन का बोझ

अपमान, ध्वस्त सपनों और शिराओं की ऐंठन से
तिर्यक हो जाता है सलवटों से भर जाता है ललाट

रोदाँ बुदबुदाता है जिसने पढ़ा नहीं है ठीक से बाल्ज़ाक
वही कह सकता है यह नहीं है बाल्ज़ाक

सात साल मैंने पूरे सात साल बिताए हैं बाल्ज़ाक के साथ
तुम बाल्ज़ाक को देखना चाहते हो साधारण तस्वीर की तरह
तो फिर क्यों आते हो शिल्पकार के पास
अरे, यही है बाल्ज़ाक, यह खुरदुरा यह अधूरा यह असुन्दर
यही है देदीप्यमान, यही है सम्पूर्ण, यही है बाल्ज़ाक सुन्दर
यह बाल्ज़ाक के बाल्ज़ाक हो जाने का शिल्प है

मैं क्या कर सकता हूँ
जो तुम देख नहीं पाते अपना लेखक
तुम जो मिलने पर भी पहचान नहीं पाते अपना बाल्ज़ाक

रोदाँ के पहले नहीं था ऐसा बाल्ज़ाक
रोदाँ के पहले नहीं थी शिल्प की ऐसी दुनिया
रोदाँ के बाद नहीं रही शिल्प की वैसी दुनिया
इसलिए एक दिन समझना पड़ता है सबको
रोदाँ का बाल्ज़ाक ही हो सकता है हमारा बाल्ज़ाक
जैसे बाल्ज़ाक के पहले नहीं थी लेखन की ऐसी दुनिया
बाल्ज़ाक के बाद नहीं रही लेखन की वैसी दुनिया
कि एक कला को समझने से
समझ आती है कला की और दूसरी दुनिया।

2020

लगभग सवा सौ बरस पहले रोदाँ को बाल्ज़ाक का मूर्ति-शिल्प बनाने का कार्यभार सौंपा गया। जब शिल्प तैयार हुआ तो उसे हर तरफ़ से नकार दिया गया कि यह बाल्ज़ाक जैसे महान लेखक के अपमान का शिल्प है। रोदाँ की मृत्यु के बीस बरस बाद उनके शिल्प को ठीक तरह स्वीकृति मिली। अब इसकी दर्जन-भर धातु-शिल्प कास्टिंग्स संसार-भर के कला-संग्रहालयों, परिसरों, चौराहों पर प्रदर्शित हैं।

दूसरी कोई रोक-टोक नहीं है

हर चीज़ होती जा रही है किसी न किसी की निजी सम्पत्ति
क़ानून है कि कोई कुछ भी, कितना भी ख़रीद सकता है
बेदख़ल कर सकता है, गरिया सकता है, मार सकता है
पैसा होना चाहिए, दूसरी कोई रोक-टोक नहीं है

ऐसे में यह पौधा उग रहा है कुछ उजाड़ में
यह बाज़ार से दूर इधर खुली जगह में है
यह अभी किसी की मिल्कीयत नहीं
किसी के निशाने पर नहीं
कोशिश करता हूँ इसे देखूँ उम्मीद की तरह

और सोचता हूँ
उम्मीद कब बदल जाती है सहनशीलता में
जैसे आदमी की कोई अनसुनी-सी बुदबुदाहट
कोई अधूरी इच्छा या ख़ून से खींची लकीर
जो चुपचाप रहने चली आती है कविता में।

2013

मरने से पहले अमर

जो मरने से पहले होना चाहते हैं अमर
उनके पास सब कुछ होता है
बस यह भरोसा नहीं होता कि वे अमर हो जाएँगे

एक उम्र तक उनको लगता है यह वसुन्धरा उनकी है
और मरने का ख़याल भी ज़ेहन में नहीं आता
मगर ताक़त और सत्ता का गच्चा
प्रसिद्धि और माया की चरित्रहीनता आख़िर सामने आती है
तब आता है ध्यान कि अभी वे अमर तो हुए ही नहीं हैं

सामर्थ्य याद दिलाता है वे अमरता ख़रीद सकते हैं
लेकिन खोजने पर वह कहीं मिलती नहीं
फिर धर्मस्थलों के पत्थरों, सीढ़ियों का एक तरीक़ा दिखता है
लेकिन लोग उन्हें पैरों से कुचलते हुए
या अनदेखा करके निकल जाते हैं
बच्चे भी एक-दो पीढ़ियों तक ही चला पाते हैं
पुरस्कार, सम्मान, व्याख्यानमाला
यह सोचते ही अमरता की व्यग्रता
पीछा करने लगती है नींद में भी
और अकसर नज़र आती है रक्तचाप की रीडिंग्स में

इस बीच अमर होते रहते हैं वे लोग
जिनमें कुछ भी ख़रीदने की ताक़त न थी
जो जीते रहे यह जीवन लड़कर, थककर, हारकर
और जो कभी अमर होना नहीं चाहते थे।

2015

(शीर्षक गोदार की फ़िल्म 'ब्रैथलेस' के एक संवाद से प्रेरित)

ज़िम्मेदारी

सारी मुसीबतों के लिए
या तो ईश्वर ज़िम्मेदार है या पिछली सरकार
या पिछली से पिछली से पिछली सरकार
जो आज वह ख़ुद है लेकिन जवाबदार नहीं
कि यह तो एकदम नई सरकार है, एक नया गठबन्धन

हमेशा उत्तरदायी ठहराया जाता है दूसरा पक्ष
लेकिन वह तुरन्त ही करता है इसका प्रतिवाद
उधर हथियार बेचनेवाला रसीद में लिखकर देता है
हम बन्दूक़ बेचते हैं, चलाते नहीं
चलानेवाला कहता है मैं आदेश पर चलाता हूँ
आदेश देनेवाला कहता है मैंने रक्षा की है संविधान की
इस तरह यहीं ख़त्म हो जाता है जवाबदारी का मसला

न्यायालय फ़ैसला करते हैं न्याय की जवाबदेही नहीं लेते
जैसे पुलिस सुरक्षा की और वन विभाग जंगल की
स्वास्थ्य विभाग स्वास्थ्य की
कारख़ाने कामगारों की
और बच्चे माँ-बाप की ज़िम्मेदारी नहीं लेते
बस, इधर-उधर बिखरे हैं कुछ लेखक, कवि, कलाकार
जो दुनिया-भर के किए-अनकिए के लिए लगातार
मानते रहते हैं ख़ुद को अपराधी और जवाबदार
इस क़दर कि आत्महत्या का भी करते हैं विचार

जिनकी कर दी गई है हत्या
या जो कर चुके आत्महत्या उन किसानों,

मज़दूरों, लेखकों, पत्रकारों के ज़िम्मेदार होने में
सरकार को अभी तक शक-शुबहा है
कि अगर वे ज़िम्मेदार होते वाक़ई
तो यों ही मर नहीं जाते।

2014

तुम समझना नहीं चाहते

जो आदमी बच जाता है प्राकृतिक आपदाओं से
मारा जाता है राजनैतिक आपदाओं से

सबसे ताक़तवर जैसा कोई आदमी नहीं होता
सबसे चालाक ही दिखने लगता है सबसे ताक़तवर
जब कोई घोषित करता है
कि वह कभी डरता नहीं, कभी घबराता नहीं है
तो परिचय देता है वह सरल मनुष्य नहीं है

रोज़मर्रा के अन्याय का कोई समय नहीं
ख़ास अन्याय के लिए लगाई जाती है तारीख़
यातना दी जाती है इस तरह कि आदमी ख़ुद
याचिका लगाकर कहता है मुझे मृत्युदंड दो

यह हमारे समय का हासिल है
कि जैसे ही देखते हैं कोई दूसरा मनुष्य
तो सहज ही करने लगते हैं उस पर अविश्वास
फिर मशीनों से आशा करते हैं कि एक दिन वे
मनुष्यों के रास्ते पर नहीं चलेंगी और बचा लेंगी दुनिया

दिल पर लेने की ज़रूरत नहीं
कई बार लोग अतिरिक्त प्रशंसा कर देते हैं
सबके पास पाप करने के अपने अभिनव तरीक़े हैं

सत्ताएँ सब कुछ सह सकती हैं सामंजस्य नहीं
प्रतिवाद नहीं, हास्य नहीं, संगीत नहीं, लास्य नहीं

विनम्रता सबसे पुराना अभिनय है
सबसे पुराना आविष्कार
तुम जो लड़खड़ाकर गिर जाते हो बार-बार
यह घुटनों का नहीं नैतिकता का संधिवात है

एक कलाकृति नष्ट करते ही
तुम हो गए थे इस संसार में कुछ अकेले

तुम्हारे कन्धे पर फहराई जा रही थी जब पताका
तुम ख़ुश थे जैसे मिला है कोई सम्मान
लेकिन अब तुम दिख रहे हो किसी उपनिवेश की तरह

मूर्खता की चौतरफ़ा रोशनी में जगमग है संसार
तुम यहाँ कही गई बातों पर नहीं करोगे भरोसा
तुम जो समझते हो नजूमियों और मदारियों की भाषा
तुम जो समझना नहीं चाहते कविता की भाषा।

2019

अब हम गीत नहीं बनाते

हम बहुत दूर निकल आए हैं
खेत-खलिहानों, नदियों, पहाड़ों से
अलाव और रात में चमकते सितारों से

अब हम गीत नहीं बनाते

अब कुछ दूसरे लोग हैं जो बाक़ी काम नहीं करते
सिर्फ़ गीत बनाते हैं
वे दूसरे अलग हैं जो उसे ढालते हैं संगीत में
कुछ और लोग भी हैं जो केवल गाते हैं गीत
फिर ढोल ढमाके के साथ
बाज़ार में आता है गीत

हम तो यहाँ सुदूर परदेस में
भटकते शहर-दर-शहर
खोजते हैं अपनी रोज़ी-रोटी
भूल चुके हैं अपना जीवन-संगीत

अब हम गीत नहीं बनाते।

2013

नमक हराम

जिस थाली में खाता है उसी को मारता है ठोकर
जिस घर में रहता है उसी में लगाता है सेंध

याद करो
तुमने उसकी थाली में वर्षों तक कितना कम खाना दिया
याद करो तुमने घर में उसे उतनी जगह भी नहीं दी
जितनी तिलचट्टे, चूहे, छिपकलियाँ
या कुत्ते घेर लेते हैं।

2014

आदिवास

यदि मैं पत्थर हूँ तो एक शिल्प भी हूँ

जैसा हूँ वैसा बनने में मुझे युग लगे हैं
हटाओ अपनी सभ्यता की छेनी
हटाओ ये विकास के हथौड़े

मैं पत्थर हूँ, पत्थर की तरह मेरी क़द्र करो

ठोकर ज़रा सँभलकर मारना
पत्थर हूँ।

2012

याद रह गया एक लड़का

झूमते-गाते-बजाते
वे कुल ग्यारह हैं
मेरा ध्यान खींच लिया है कोने में खड़े
उस लड़के ने जो बीसेक साल का होगा
मगर वह किसी निचाट उदासी में गिटार बजा रहा है

ऐसा क्या है जो उसे इतना युवतर उदास बना रहा है :
किशोरावस्था में आहत कर देनेवाला प्रेम
इस दुनिया-जहान की कोई कठिन ज़िम्मेदारी
या फिर अपनी किसी बेख़ुदी में गुम?

यह नए साल का जलसा है
लोग नाच रहे हैं धुनों पर
सब कुछ घट रहा है तेज़ी से
लेकिन वह एकदम स्थिर
गुमशुदा चेहरे के साथ बजा रहा है गिटार

वह शामिल है सिर्फ़ अपने आन्तरिक संगीत में
जैसे किसी और धुन पर सवार
वह किसी दुख, किसी प्रसन्नता, किसी अवसाद में
किसी ख़याल या बेख़याली में डूबा
अपने भीतर की सुनसान घाटी में
बजा रहा है अपना गिटार।

2012

जिसे ढहाया नहीं जा सका

जिसे तुमने सचमुच गोली मार दी थी
वह अब भी मुस्कराता है तुम्हारे सामने दीवार पर
तुम्हारे छापेख़ाने उसी आदमी की तस्वीर छापते हैं
तुम किसी दूसरे द्वीप, दूसरे देश में जाते हो तो लोग
तुम्हारे हाल-चाल लेने से पहले उसके बारे में पूछते हैं
तब तुम्हें अहसास होता है
कि दरअसल तुम मर चुके हो और वह ज़िन्दा है

तुम उसकी समाधि के आगे
हाथ जोड़कर फूल चढ़ाते हो, फ़ोटू खिंचाते हो
बुदबुदाते हुए हो सकता है मन ही मन उसे गाली देते हो
लेकिन जब तुम शपथ लेते हो वह सामने हाथ उठाए दिखता है
तुम झूठ बोलते हो तो वह तुम्हारे आड़े आ जाता है
घोषणापत्र में विवश होकर तुम दोहराते हो उसी की प्रतिज्ञाएँ

तुमने ढहा दी है उसकी मूर्ति तो अब देखो
चारों तरफ़ सारे सवाल उसी मूर्ति को लेकर हो रहे हैं
दुनिया-भर में दिखाई जा रही हैं उसी मूर्ति की तस्वीरें
उसी चौराहे पर इकट्ठा होने लगे हैं तमाम पर्यटक
जिन्हें बताया जा रहा है कि यहाँ, यहीं,
हाँ, इसी जगह वह मूर्ति थी।

2018

अधूरी इच्छाओं का एक वर्गानुक्रम

आसपास कोई न कोई मिल जाता है जो कहता है
एक दिन कभी बैठ सकूँगा हवाई जहाज़ में
या एक शाम तारांकित होटल में पी जाएगी चाय

एक स्त्री कहती है वह लेगी तीन बर्नर का चूल्हा
एक आदमी करता है क़रीब के हिल स्टेशन का ख़याल
फिर सोचता है गर्मियों में कूलर ले सकूँ तो अच्छा
या इन सर्दियों में ख़रीद लूँगा गरम कोट

एक आदमी देखता है सपना महज़ भरपेट भोजन का
सपने में लेता है व्यंजनों के स्वाद नाना प्रकार
सपने में ही आ जाती है तृप्ति की डकार
ओठों से रिसकर ठोड़ी तक फैलती है लार
भिनभिनाती हैं मक्खियाँ।

2016

यह ज़्यादा बहुत ज़्यादा है

जिनके पास हर चीज़ ज़रूरत से ज़्यादा है
वे ही दिन-रात बने रहते हैं अख़बारों में
छोटे-बड़े परदों पर, सत्ता के गलियारों में
सुलभ शौचालय के पोस्टरों तक में दिखते हैं

उनके पास ज़मीनें, बंगले, फ़ार्महाउस ज़्यादा
कपड़े, गहने, क्रॉकरी, फ़र्नीचर ज़्यादा
मोटर-कार, गैज़ेट्स, शेयर्स, नक़दी ज़्यादा
घड़ियों, चश्मों, जूतों की तो भरमार

मक्कारी, चालाकी, नृशंसता, क्रूरता ज़्यादा
झूठ, फ़रेब, ताक़त, धार्मिकता ज़्यादा
काम, क्रोध, मद, लोभ, राष्ट्रीयता ज़्यादा

मुश्किल यह नहीं
कि ज़्यादा लगनेवाला यह विवरण ज़्यादा है
मुश्किल यह है कि उनके पास इतना ज़्यादा
क़ानून के मुताबिक़ है और बहुत ज़्यादा है।

2018

दिक़्क़त की शुरुआत

सोचो तो आख़िर आदमी के जीवन में रखा ही क्या है
वह मुश्किल से रोता-तड़पता जन्म लेता है
फिर रोज़-रोज़ बढ़ती जाती हैं उसकी मुश्किलें
उन सबके बीच वह हँसता-गाता, लड़ता-झगड़ता है
कई बार हो जाता है इस दुनिया से असहमत
कभी बीच में दख़ल देकर कहता है एक दिन
ऐसा नहीं बल्कि ऐसा होना चाहिए आदमी का जीवन
वरना आदमी ज़िन्दा होते हुए भी मर जाता है
यह कहते ही वह घेर लिया जाता है चारों तरफ़ से
घिरे हुए आदमी की फिर कभी कम नहीं होतीं मुसीबतें
हर आदमी मरता तो है ही एक दिन
लेकिन दिक़्क़त यहाँ से शुरू होती है कि उसे हमेशा
उस एक दिन से पहले ही मार दिया जाता है
यह कहकर कि एक आदमी के जीवन में
रखा ही क्या है आख़िर।

2014

मृतकों की याद

क्षमा करें, मैं यहाँ इस बैठक में कुछ नहीं कह पाऊँगा
मृतकों को याद करने के मेरे पास कुछ दूसरे तरीक़े हैं
यों भी वह साँवला पत्थर, बारिश, रेस्तराँ की टेबल,
संगीत का टुकड़ा, साँझ की गुफा और एक मुस्कराहट
मृतकों को कभी विस्मृत होने नहीं देते

धीमी रोशनियों में ज़्यादा साफ़ दिखाई देता है
ओस और कोहरा हमारे भीतर पैदा करते हैं
नए रसायन, नई इच्छाएँ, नई वेदनाएँ
जब धूप खिलती है तो
मृतकों की परछाइयाँ साथ में चलती हैं

विज्ञापन, तस्वीरें, लेख और सभाएँ साक्षी हैं
कि हम मृतकों के साथ
नए तरीक़ों से मज़ाक़ कर सकते हैं
या इस तरह याद करते हैं अपना बचे रहना

कोई उस तरह नहीं मरता
कि हमारे लिए वह हमेशा के लिए मर जाए
जानते हैं समय किसी दुख को दूर नहीं करता
वह किसी मुहावरे की सांत्वना भर है
स्मृतियाँ ठोस चीज़ों की तरह बिखरी रहती हैं भीतर
जब कठोर होने लगती हैं शिराएँ
यकृत और हृदय वज़नी हो जाते हैं
किडनी की तस्वीर में दिखाई देते हैं पत्थर
तब हम देखते हैं गुज़र गए लोगों की स्मृतियाँ अन्तरंग हैं

धीरे-धीरे आसपास हर चीज़ पर जमने लगती है धूल
एक दिन कुम्हला जाते हैं प्लास्टिक के फूल भी
कहे-सुने शब्द गूँजते रहते हैं हमारे अन्तरिक्ष में
फिर सार्वजनिक जीवन में आपाधापी
अजीब-सी चमक और हँसी भर जाती है

अब स्मृति कुछ एकान्त चाहती है
जैसे प्रेम।

2011

आकस्मिक मृत्यु

रोज़-रोज़ की अनुपस्थिति उसे विश्वसनीय बना देगी

आदमी कई बार उस तरह नहीं गलता
जैसे अपनी ही आँच में आहिस्ता से पिघलती है मोमबत्ती
वह तो उस तरह ओझल हो जाता है अकस्मात
जैसे जादू के खेल में आँखों के सामने ग़ायब होता है हाथी
फिर पता चलता है यह जादू नहीं है, जीवन है

अब सिर्फ़ साहस चाहिए
जो एक-दूसरे का मुँह देखने से आता है
और इसी वजह से कभी-कभी
टूट भी जाता है।

2012

अनाथ होना

एक दिन तुम्हारे छाते की तानें टूट जाती हैं
सूखती क़मीज़ को हवा दूर कहीं उड़ा ले जाती है
चश्मा गुम जाता है खोजने पर भी नहीं मिलता
तुम एक नया छाता खरीद लेते हो, एक क़मीज़ भी
बनवा लेते हो नया चश्मा

मगर टूट गए, खो गए, उड़ गए आदमियों के बदले
तुम ऐसा कुछ नहीं कर पाते
इसलिए उघाड़े बदन बारिश में भीगते रहते हो
या घाम में नंगे सिर घूमते हो, देखते हो
चारों तरफ़ दृश्य धुँधले हो चुके हैं।

2015

अन्त

दुख और अवसाद रिसकर बह जाते हैं
यह हमें पानी के सूखे निशानों से पता चलता था
और उन जगहों से जहाँ हम जाना नहीं चाहते थे
उन परिचयों से जिन्हें हम भुलाकर
बढ़ जाना चाहते थे आगे
कि हर जगह हर सुख का एक ही अन्त था—
दुखांत।

2019

दुख के तारे

दुख के तारामंडल
एक साथ यात्रा करते हैं जीवनाकाश में
इकट्ठे दुख बना लेते हैं अपनी आकाशगंगाएँ
वे यातनाओं को प्रकट कर देते हैं अनुप्रास में

कुछ बने रहते हैं ध्रुव तारे की तरह
सिर ऊँचा करके देखो वे दिखेंगे वहीं
अपनी जगह अटल और टिमटिमाते
उनसे अन्दाज़ लग सकता है दिशाओं का
पता चल सकता है बीत गई कितनी रात
कितनी है बाक़ी

अन्धकार के आसमान में दुख के तारे
ज़्यादा अँधेरा हो तो ज़्यादा चमकते हैं

सुख के मारे हुए आदमी
दुख की फटकार से ज़िन्दा हो जाते हैं
केवल ज्ञान नहीं
दुखों का ज्ञान मनुष्य को बना देता है ज्ञानी

जिन चेहरों पर कुछ उजास है
वह इन्हीं दमकते तारों का प्रकाश है।

2020

ब्याहता बहनें

भाइयों को यह वर्षों बाद पता चलता कि जिन घरों में
बहनों को दिया गया वे घर तमाम मुसीबतों से भरे हुए थे
और बहनों पर यह ज़िम्मेदारी आयद हुई
कि वे सविनय-उद्यम के साथ उन घरों को
सहने-रहने लायक बनाती रहें

और हम उनकी मुश्किलों से बेपरवाह
अपनी गृहस्थी में इतने मगन
कि भूल जाते थे इसी पृथ्वी के किसी कोने में
अभी जीवित बची हैं हमारी बहनें
बीच में इतने लम्बे, ख़ामोश अन्तराल होते ही थे

फिर वे किसी दृश्य में, किसी स्वप्न, ख़ुशी या संकट में
अचानक उपस्थित हो जातीं
अपने होने के भ्रम को पुख़्ता करतीं
हमें अपने किसी ऐसे जीवन की याद दिलातीं
जो ख़त्म हो गया था और उसका अभिलेखागार भी
किसी रहस्यमयी आग में जलकर कब का नष्ट हो चुका था

जब माँ और पिता दोनों नहीं रहे
वे भाभियों में खोजती रहीं माँ और भाइयों में पिता
लेकिन भाई-भाभियों को लगता कि वे
जायदाद में हिस्सा माँगने की जुगत में हैं
फिर वे हताश ग़ायब हो जातीं अपने ही अरण्य में
और अन्तराल और लम्बे हो जाते, और अधिक ख़ामोश

लेकिन क्या था इस ढहते हुए घर में
कि वे हमेशा हँसते हुए आतीं, रोते हुए जातीं
जबकि उनका अपना भी एक घर-बार था
जो भी थीं, जैसी भी थीं उनकी सारी उम्मीदें उसी घर में थीं
बावजूद इसके कि उनकी दाढ़ें दुखती थीं, टूट रहे थे बाल
पीठ में उठती ही रहती थी दर्द की लहर
और जाँचों में निकलते थे नए-नए रोग

कभी-कभार हमें भी आ ही जाता था याद
कि हाँ इसी घर में गिरती थीं रोशनियाँ
जिनमें बनती थीं जीवन्त परछाइयाँ
अब न यह वैसा घर रहा, न रोशनियों के परदे
और न वे परछाइयाँ
        जो दरअसल हमारी बहनें थीं।

2014

पक्षाघात

बेटी को हम विदा करते हैं
बेटा बिना विदा किए ही घर से चला जाता है

अब वह जब भी आता है स्मृतियों को जीवंत करता
जाने-पहचाने आगंतुक की तरह कुछ जल्दबाज़ी में
कहता हुआ बच्चे ठीक हैं और मैं भी अच्छा हूँ
तुम इस सब कुछ को विस्मय से देखते हो
और चुप रहते हो
सोचते हो उसके लिए अब और क्या कर सकते हो

तुम उसे देखते हो जैसे अपनी बनाई जलरंग की तस्वीर
या मिट्टी का, धातु का कोई शिल्प
जिसके एक कोने में बारिश के निशान आ गए हैं
दूसरी ऋतुओं ने भी बदल दिया उसके रंगों को
अपने कला-अनुभव से तुम जानते हो
उन्हें दुरुस्त नहीं किया जा सकता

यही सोचकर तुम इस तरह बिलखते हो चुपचाप
कि एक तरफ़ से पत्थर की मूर्ति में ढलते चले जाते हो।

2016

सम्बन्ध

उनका भी एक आयुष्य होता है

कुछ दुर्घटनाओं में अकाल मौत मर जाते हैं
या उन्हें जकड़ लेती है विकलांगता
अनेक मूर्च्छा में चले जाते हैं और कातर आँखों से
अपने भीतर झाँककर देखते रहते हैं कोई चलचित्र
कुछ गिर जाते हैं लालसा की खाई में
कई सहन नहीं कर पाते दुर्दिन

कुछ नष्ट हो जाते हैं प्रेम की कमी से
ज़्यादातर तो प्रेम की अधिकता से ही

एक सम्बन्ध के सीने पर हमने ही दागी थी गोली
कुछ बचपन में, कुछ जवानी में हुए लापता
पुराने सम्बन्ध अचानक रास्ते में कहीं टकरा जाते हैं
तो मिलते हैं अन्यमनस्क वर्तमान की तरह
जैसे वे एक बार फिर याद दिलाते हैं कि उन्हें कोई
जीवन-भर के लिए अपना मानकर नहीं चल सकता

कुछ शल्य-क्रियाओं के बाद दिखने लगते हैं स्वस्थ
लेकिन बना रहता है चीरे का निशान और रक्तचाप
कुछ सम्बन्ध पीछा करते रहते हैं उम्र-भर
कुछ को इसी जीवन में मिल जाता है मोक्ष
आत्महत्याओं का भी है एक लम्बा सिलसिला

आप उन्हें प्रेम से, ताक़त से, उदाहरण देते हुए
आँसू बहाकर या सावधानी से नहीं बचा सकते
और अपना सर्वस्व सौंपकर भी
कि उनकी अन्तिम बेला आ गई है
आप सिर्फ़ उनके प्राण निकलते
छटपटाते देख सकते हैं
और अपने हाथ उस राहत या निराशा में ऊपर फैला सकते हैं
जो आपके भीतर ख़ाली जगह में आकर रहनेवाली है।

2015

पुश्तैनी मकान-1

सब लोग बिखर गए असम्भव अक्षांशों-देशांतरों में
यह खड़ा है चुपचाप यहाँ लैम्प पोस्ट के बग़ल में
लेकिन हर पुश्तैनी चीज़ की तरह एक दिन यह बिकेगा
ठीक से वसीयत न हुई तो मुमकिन है मामला
कोर्ट-कचहरी में चला जाए मगर यह बिकेगा

माँ इसी घर से गई, घर में भर गया उजाड़
फिर एक दिन भाई ने कहा इसमें सब कुछ पुराना-धुराना है
सारे इन्तजाम गुज़रे ज़माने के हैं और मरम्मत के जाल में
फँसने से बेहतर है कोई दूसरा मकान लिया जाए

चहल-पहल, विदा, आलिंगन और सुनसान के बाद
हठी पिता आँगन में गिरे, टूट गई कूल्हे की हड्डी
तब समझे पिता
कि उनका अब यहाँ अकेले रहना नामुमकिन

पड़ोसी मौक़े की तलाश में हैं लगातार
कभी-कभी उनका फ़ोन आता है—
'इसका कुछ कीजिए जनाब
चोर-उचक्कों-दलालों का क्या भरोसा
झर रहा है पलस्तर, काली पड़ चुकी है काई
कोई बता रहा था आप इसे बेच देंगे
हालाँकि अब भाव सिर्फ़ प्लॉट का मिलेगा
इतने सालों से यह पड़ोस रहा आया हमारा
हम इसे किसी ग़ैर को न देने देंगे
फिर आपकी जैसी मर्ज़ी मगर भाई साहब,

मुसलमान या ऐसी-वैसी जात को मत दीजिएगा
पूरे मोहल्ले की मुश्किल हो जाएगी'

इधर अपने-अपने अन्तरिक्ष में विचरते बच्चों से पिता कहते हैं
तुम लोगों को जैसा ठीक लगे इस मकान का वही करो
लेकिन सब जानते हैं उनका मतलब बिलकुल वैसा नहीं
जैसा वे बच्चों से कह देते हैं।

2012

पुश्तैनी मकान-2

तुम इसे किसी अचरज की तरह देखते हो
और कभी-कभी सोचते हो :
काश, यह संग्रहालय की तरह बचा रहे
या उमगकर उठनेवाली किसी याद की तरह

इसमें चलती ही रहती है पुराने जीवन की फ़िल्म
इसी के कोनों-किनारों में दफ़्न हैं
मारक दुपहरियाँ और झपटती हुई रातें

लेकिन बेतहाशा बढ़ चुके हैं ज़मीन के भाव
किराये पर चढ़ाने की हैं अनगिन दिक़्क़तें
आसपास के लोग उतावले हैं क़ब्ज़े के लिए
और भाइयों की मुश्किल यह है
कि आज सुबह एक बिल्डर ने दिया है
कुछ ज़्यादा ही आकर्षक प्रस्ताव।

2012

पिताओं के बारे में कुछ और पंक्तियाँ

वे दूर परदेश जाने से भी नहीं डरते
कोई-सा भी काम करने को तैयार
फेरी लगाने से लेकर फड़ पर बैठने और फ़ौजी बन जाने तक
ऑटो रिक्शा चलाने से लेकर बहीखाता लिखने और दलाली तक

हालाँकि उन्हें आशंका घेरे रहती है कि इस जीवन में
इतनी उलझनें, इतनी बारिश, इतनी लू
इतना ट्रैफ़िक और इतना धुआँ है कि एक सुबह
या किसी शाम वे अचानक ग़ायब हो जाएँगे

उन्हें हमउम्र दोस्त पिताओं से सलाह मिलती है
ख़ुद के लिए नहीं, अपने बच्चों की ख़ातिर सब्र करो

वे लम्बे सफ़र से लौटते हैं आँखें मिचमिचाते
उतरते हैं धूल-भरी बसों से, निर्विकार लोहे की रेल से
कभी लदे-फदे कभी सिर्फ़ एक झोला झुलाते
तुम देखते हो उनके सिर के पीछे चँदोला चमकने लगा है

घर में घुसते ही वे रूमाल से, जेबों से, झोले से
मौसमी फल या कुछ चटपटी चीज़ें बिखेर देते हैं मेज़ पर
बच्चे महज़ बच्चे हैं समझते हैं कि यह कोई जादू है

उनके शरीर में अँट नहीं पातीं चिन्ताएँ
इसी देह में दीमकें और चींटियाँ बनाती हैं अपना घर
उनका दबंग चेहरा बाहर निकलते ही हो जाता है कातर

ग़ुस्सैल पिता से डरे हुए नाराज़ बच्चे सोचते हैं
जब वे ख़ुद बड़े होंगे तो पिताओं को ठीक कर देंगे
कई बार क्रोध में वे यहाँ तक सोचते हैं
कि इस आततायी पिता से कभी बात नहीं करेंगे
और अभी इसी वक़्त चले जाएँगे घर छोड़कर

दुनिया के तमाम पिताओं ने भी एक उम्र में
शायद ऐसा ही सोचा होगा अपने पिताओं को लेकर
लेकिन थके हुए पिता को देखकर सिर्फ़ कृतज्ञता उभरती है
फिर अपनी सोची बातों पर कुछ अफ़सोस होता है, कुछ हँसी आती है
और क्रोधित स्मृतियों के आरपार एक हार्दिक छवि पसर जाती है

उधर पिताओं को लगता है
उनकी कामनाओं का अश्व बच्चों ने बाँध लिया है
वे विश्वविजय करके आए हैं मगर बच्चों के आगे पराजित हैं
माँ जा चुकी है और वे दिन भी आ ही जाते हैं
जब एक साथ उभरती हैं पिता की बीमारियाँ और ज़िदें
अनश्वर दवाइयाँ शामिल होती हैं उनकी दिनचर्या में

एक शाम नींद में
किसी सपने या सन्निपात में
वे चौंककर पूछते हैं—कौन! छोटू है क्या?
तो लगता है अब ज़्यादा दिन नहीं बचे

सब बच्चे काम-धाम से लग चुके, ब्याह-चौक हुए
उनके भी बच्चे हैं, सब तरफ़ ठीक-ठाक है और ख़ुशहाली
लेकिन पिताओं के बिना इस संसार को
सिर्फ़ उस तरह देखा जा सकता है जैसे किसी अनाथालय को।

2013

*(इस क्रम की पहली कविता 'पिताओं के बारे में कुछ पंक्तियाँ'
'अमीरी रेखा' संग्रह में संकलित।)*

जन्म-स्थान

एक

दीवार पर एक सिल टिकी हुई है
धूल और ऋतुओं ने उसे शिलालेख बना दिया है
वह दीवार भी अब पुरातात्त्विक स्थापत्य है

उधर कोने में उसी दीवार से टिककर बैठी हैं चाची
उनके बारे में भी मुझे यही सब कहना है
जो मैं इस सिल के बारे में कहना चाहता हूँ।

दो

उस तरफ़ उगे हुए हैं मिर्च के पौधे
हरी मिर्चें पौधों पर लगे हुए ही लाल हो रही हैं
अब रोज़ उन्हें शौक़ से खानेवाला घर में नहीं है
उन्हें दरअसल बोया भी नहीं गया है
बस, वे उग आई हैं
जैसे किसी की स्मृति में उग आई हैं।

तीन

एक बिना पानीवाली नदी दिखी
नदी जहाँ से बहती थी वह जगह दिखी
जहाँ बालू में से होकर जाना पड़ता था
और धँसते थे पाँव
वहाँ फैली हुई थी अब साँवली पीली मिट्टी

वहीं चमकते थे प्रागैतिहासिक महीन रेत-कण
वहीं खड़े थे ट्राली और ट्रैक्टर
जिन्हें पार करके पहुँचा जा सकता था उस मृगतृष्णा तक
जहाँ पहुँचकर चोटिल कर देना था अपनी स्मृति को

उतनी दूर तक नहीं गया मैं।

2016

पुरानी तस्वीर के बरअक्स

यह किसकी क़मीज़ पहने हुए हूँ मैं
यह कोट तो कभी था नहीं मेरे पास
लेकिन वह जीवन ऐसा था कि पड़ोसी से
निस्संकोच माँगे जा सकते थे कपड़े या जूते

मैं भी अपने इसी चेहरे को
पहचान सकता हूँ कुछ भरोसे के साथ
इसे ही देखा था पहली बार नदी में झाँकते हुए
इसी चेहरे को आसमान की तरफ़ सिर उठाते
मगर यह शक्ल जो अब रह गई है मेरे पास
इसे नहीं पहचान पाते पुराने संगी-साथी
और मैं भी पड़ जाता हूँ संशय में

यह वह चेहरा नहीं जो माँ जाते समय छोड़ गई थी
कभी स्वप्न में मिले तो शायद अपनी अचूक ममता से पहचाने
बाक़ी तो मैं ख़ुद एक अजनबी हूँ इस चमकदार सभ्यता में।

2017

स्मृति का जीवन

कई जगहों के कई मकानों में रहा
जो घर न बन सके
लेकिन स्मृति में बने हुए हैं
जिस मकान में रहता हूँ अभी
लगता है वह मेरी स्मृति में ही कहीं है

अनेक परिजन जिनके साथ गुज़ारा जीवन
स्मृति में हैं कुछ इस तरह
कि अभी रहता हूँ जिन चार लोगों के संग
तो लगता है उनके साथ नहीं
उनकी स्मृति के साथ रहता हूँ।

2017

घर था

एक घर था माँ-पिता का
उसे याद करना कई लोगों को याद करना है
जैसे पूर्वजन्म के स्वप्न में से गुज़रना है

अब कहीं ऐसा घर नहीं जो करता हो मेरी प्रतीक्षा
जहाँ कोई साँकल, खिड़की का पल्ला
मकड़ी का जाला भी तकता हो मेरी राह

इधर सड़कों, गलियों को पार करते हुए
दिख जाती है कभी कोई टूटी दीवार
जिसे देखकर यही आता है याद
किसी का घर नहीं रहा।

2018

बुख़ार में

शरीर के भीतर गुम होती रहती हैं कई चीज़ें
बाद में कभी जब वे प्रकट होती हैं देह में
हम उन्हें समझ लेते हैं व्याधि की तरह

टूटी-फूटी, पुरानी, ज़ंग खाई और भूली हुई चीज़ें
जो अब दिखती नहीं तो याद भी कम आती हैं
वे कई बार बड़बड़ाती हैं शरीर के भीतर
गुम हुई चीज़ों का सन्निपात

कोई सिक्का, कोई चुम्बन, कोई दुत्कार
पत्थर की किरच, बाँस की फाँस
कील, गुठली, कंकड़, जुगनू की चमक
सूखे तालाब से उठती कमलगट्टे की गंध

एक गेंद जो बचपन की झाड़ियों में नहीं
हमारे भीतर कहीं गुम हो गई थी
अचानक उसका एक हिस्सा माथे पर उभरता है
हम अस्पताल जाते हैं जैसे यह कोई बीमारी है

शरीर में धँसी ये चीज़ें पहुँच चुकी हैं ख़ून में
मांसपेशियों में, हड्डियों और मज्जा तक
चमकती हैं बिजलियों के साथ
धधकती हैं देह के अन्धकार में
अपने ही बुख़ार में रोशन।

2015

तीन स्मृतियाँ, एक चुनौती

दुनिया से ओझल हो गए दोस्त की तस्वीर देखकर
सोचना एक पीली, छोटी-सी गेंद के बारे में
किशोरावस्था की डायरी में लिखे शब्द पढ़कर याद करना
जिन्होंने तुम्हें वह नहीं होने दिया जो तुम हो सकते थे
उस पुराने क़स्बे में पहुँचना और जानकर अचम्भित होना
कि गुड़हल के फूल अब वहाँ भी नहीं खिलते हैं

पीछे पलटकर देखना और पत्थर नहीं हो जाना।

2015

प्रवासी पक्षी

हर आदमी के पास अपना एक जर्जर जहाज़ होता है
जिस पर वह वापस लौटता है बार-बार

वह जहाज़ अगर नहीं है उसके जीवन में
तो वह होता है उसके स्वप्न में
किसी पेंटिंग, किसी कविता में
इच्छाओं में, मरीचिका में, स्मृति के आँचल में

वह हर गुज़रते मौसम में एक अकेली बेंच पर
या किसी पुराने पेड़ के नीचे बैठकर करता है इन्तज़ार
सोचता है : पेड़ की छाया भी यात्री-प्रतीक्षालय होती है

कई बार आसमान में बादल का एक सफ़ेद फाहा
उसे अपने जहाज़ की तरह तैरता दिखाई पड़ता है।

2016

शाश्वत कथा

उन्हें उनके ही घर में
झिड़क सकता था कोई भी

वे अपने अन्तिम दिनों में रहीं
कभी इस शहर के, कभी उस शहर के बेटे के पास
उन्हें नहीं पता क्या हुआ कोठरी में रखे उनके सामान का
वे गरमियों की छुट्टियों में मिलनसारियों से पूछती थीं
पुराने कुएँ का पानी बैसाख में ही तो नहीं सूख गया

आख़िरी बार जब उनसे मिला
वे मोतियाबिन्द के ऑपरेशन के बाद
बिस्तर पर लेटी थीं चुपचाप
आँखों की कोर से बहती थी एक लकीर
दवा की या आँसू की, कहना मुश्किल

कुछ ऐसी वजहों से
जिन्हें एक दिन सब समझ लेते हैं
उनका एक बेटा शामिल नहीं हुआ अन्तिम संस्कार में।

2013

डिमेंशिया

कोरी हो चली स्लेट पर लिखी जा रही हैं नई इबारतें
कुछ याद करना चाहते हो तो एक छाया-सी दिखती है
जो विलीन हो जाती है किसी दूसरी छाया में
इस अनुभव के आगे बाक़ी दुख फीके हैं और बीत चुके हैं
दूर खड़े तुम उनकी तरफ़ देखकर मुस्करा सकते हो
चेहरों से नाम याद नहीं आते, नाम से चेहरे
यही असहायता है, शेष है इतनी ही ताक़त

ईर्ष्याएँ याद नहीं, क्रोध के सूर्य अस्ताचल हुए
प्रेम के चन्द्रमा डूब गए, मद्धिम हैं वासनाएँ
बची रह गई है स्पर्श की कुछ अनुभूति
किसी को न पहचानने से
अब कोई अपमानित अनुभव नहीं करता
पहचान लो तो अप्रतिम ख़ुशी से भर जाता है

पुराने सबक भूले जा चुके हैं
नए याद नहीं रह पाते
इस अरण्य में तुम स्मृति का पीछा करते हो
जैसे छलाँगें मारते हुए मायावी हिरण का
फिर हाँफते हुए समझने की कोशिश करते हो
कि विस्मृति ही अभिशाप है
और यही है अन्तिम वरदान।

2016

उत्तरार्ध

बार-बार टूटती नींद
सुबह छह सवा-छह तक पूरी तरह टूट जाती है
शरीर का कौन-सा हिस्सा है वह टटोलकर देखता है
जहाँ से दर्द न उठता हो
सुबह की चाय बनाते वक़्त उसके हाथ काँपते हैं
उसे याद आता है पिता के हाथ इसी तरह धूजते थे

फिर वह पार्क में हँसने का व्यायाम करता है
हालाँकि इससे तबीयत में रत्ती-भर भी फ़र्क़ नहीं पड़ता
यों समय गुज़ारने के लिए उसके पास अनन्त स्मृतियाँ हैं
लेकिन उनकी रीलें घिस चुकी हैं
अब हर फ्रेम में पात्रों के चेहरों पर गिरती हैं
धुंध और बारिश की धारियाँ

मौक़ा मिलते ही वह पुराने दोस्त को फ़ोन करता है :
"अस्पताल से परसों छुट्टी हो गई है
अब कुछ बेहतर हूँ, मैं इतनी जल्दी मरनेवाला नहीं"
अपनी आवाज़ में अजीब-सी चमक और हड़बड़ी से
वह ख़ुद भी देर तक चकित रहता है

और सोचता है इस तरह अपने आप को आश्वस्त
करते रहने से अधिक नारकीय क्या हो सकता है
वह दोस्त से मिलना चाहता है मगर लाचार है
दोस्त भी समझता है उसकी मुश्किल
यही समझ इकलौती दोस्ती को
दूरियों के भूगोल में जीवित बनाए रखती है

रोज़मर्रा में विन्यस्त अपमान और उदासी के बीच
अपने अकेलेपन के छज्जे पर अख़बार पढ़ने का
अभिनय करते हुए वह अपने आप से पूछता है
आख़िर यह सब कितना लम्बा चलेगा
अभी तो यह दिन की शुरुआत है
अन्तिम छोर पर आएगी एक पूरी लम्बी रात
जिसे इस उत्तर-जीवन की ही तरह
टाला नहीं जा सकता।

2017

एक सर्द शाम

(एक बुज़ुर्ग के साथ समय बिताने के बाद)

संग-साथ की सीमाएँ होती हैं
अकेलेपन की नहीं

गुरुत्वाकर्षण है सुनसान के इस विवर में
सब कुछ खिंचता चला जाता है ब्लैक-होल में
यह कुछ इस तरह होता है
कि अन्दाज़ा नहीं लग पाता
एक दिन इस क़दर अकेले रह जाएँगे

अकेले रह जाना कोई चुनाव या इच्छा नहीं
बस, आप अकेले हो जाते हैं
जैसे किसी नियति की तरह
यह समाज ही ऐसा हो गया है
कि पेश आने लगता है नियति की तरह

इस अन्तरिक्ष में अनगिनत सितारे हैं
मगर सब एक-दूसरे से लाखों मील दूर
किसी और के प्रकाश में चमकते
दहकते अपने ही ज्वालामुखियों में

यह एकान्त नहीं
अकेलापन है।

2011

अकेलापन

यह साधारण वसन्त नहीं है
इस पर हरे-बैंगनी-भूरे धब्बे हैं

जैसे पुराने, उपेक्षित, बिना मँजे हुए
पीतल या ताँबे के बर्तन पर
रखे-रखे हो जाते हैं।

2016

स्थगित अभिव्यक्तियाँ

शब्द प्रतीक्षा करते रहते हैं
अकसर उन्हें अपने हाल पर छोड़कर
जुटना पड़ता है रोज़मर्रा के दूसरे क्रियाकलापों में

एक लेखक हज़ार पन्ने लिखता है
एक लाख कोरे पन्ने अन्त में उसके साथ जाते हैं
अनलिखे की क़ब्र में देह के साथ उन्हें कीड़े खाते हैं
अनलिखे के नरक में उसके साथ
आग में जल जाते हैं।

2017

हर जगह दिखना

हर जगह दिखना जीवित होना नहीं है
मरने जैसा है

यह बार-बार ज़िन्दा रहने का प्रमाण-पत्र पेश करना है
यह अविश्वास है अपने जीवित होने पर
जब आप इतने ज़्यादा दिखते हैं
तो दूसरों की निगाह में
ख़ुद को देखने की इच्छा में जीवित रहने लगते हैं

लेकिन ख़ुद की निगाह से
ख़ुद ओझल होते चले जाते हैं।

2020

पहचान

त्रिआयामी तस्वीर से भी आदमी पहचान में नहीं आता
इसलिए तुम उसके तिल और मस्से देखते हो
खोजते हो चोट के निशान छापते हो अँगूठे और पुतलियाँ
और आख़िर सिर धुनते हो कि डिजिटल करने भर से
आदमी की ठीक पहचान नहीं हो जाती

जबकि एक ज़माने में आदमी केवल अपनी
चाल से और बानी से पहचान लिया जाता था
जैसे पेड़ पहचान लिये जाते थे
उनके पत्तों के बीच गुज़रती हवा से
मवेशी कान में लगे बुन्दों से नहीं बल्कि
एक पुकार पर उनकी आँखों में आई चमक से

मैं अब भी भरोसा करता हूँ कुछ पुराने तरीक़ों पर
जैसे, आदमी को उसकी प्रतिज्ञाओं से पहचानता हूँ
लेकिन सबसे ज़्यादा उन प्रतिज्ञाओं के टूटने से।

2019

असहायता

सब तरफ़ से एक ही आपत्ति एक ही सवाल उठता है
क्या तुम नियम-क़ानून तोड़े बिना
कविता नहीं लिख सकते

कवियों के पास भला इसका क्या जवाब हो सकता है
वे तो ज्यों ही इस दुनिया के बारे में कुछ लिखते हैं
तड़ाक से टूट जाते हैं नियम, क़ानून और बन्धन
जाहिर है, सज़ा भी कवियों को ही मिलती है

जितनी कविता होगी उतना होगा जीवन में संकट
लेकिन कुछ हैं जो दुख सह सकते हैं मूर्खता नहीं
कुछ हैं अभागे जो अभाव सह सकते हैं अपमान नहीं
इसलिए वे बने ही रहते हैं संकटग्रस्त
जैसे उनके पास जीवन जीने का
यही एक तरीक़ा है।

2018

कवि व्याकरण

महज़ संज्ञा नहीं, सर्वनाम नहीं,
विशेषण, अलंकार नहीं
कवि क्रिया है

जब तुम उससे बात करते हो
तो अनेक लोगों से बात करते हो
तुम्हें लगता है वह कोई निजी बात कह रहा है
लेकिन वह कई लोगों की तरफ़ से बोलता है
वह बहुवचन है अव्यय है समास है सन्धि है
वह देखता है तुमने ग़लत दस्तावेज़ पेश किए हैं
तो सबसे पहले वह ठीक करता है उनका व्याकरण
उनके हिज्जों और शब्दों को रखता है सही जगहों पर
कि उनका मतलब वैसा रहे जैसा तुम्हारा इरादा है
यह काम वह बार-बार करता है
वह पुनरुक्ति है, शब्द-विचार है
क्रिया है

तुम चाहते हो कवि क्रोध न करे, वह चाहता है
तुम ऐसी हरकत न करो कि कवियों को ग़ुस्सा आए
वह तुम्हारे आगे चलता है मगर तुम पर निगाह रखता है
वह प्रत्यय है उपसर्ग है त्रिकाल है प्रश्नवाचक है
बुहारता है तुम्हारी भाषा का झूठ और कचरा
कारक है उभयलिंग है कवि है
वह क्रिया है।

2017

मुझे हर एक पर शक है

मैं कुछ हैरान, कुछ परेशान घर से बाहर निकलता हूँ
सब तरफ़ तेज़ धूप है, लोग व्यस्त हैं आपाधापी में
इस चकाचौंध में पहचानने की कोशिश करता हूँ
इनमें कौन हो सकते हैं जिन्होंने निस्संकोच चुना है
एफ़आईआर शुदाओं को अपना नुमाइंदा

लेकिन सब जन इतने साधारण, इतने हँसमुख
अपनी दिनचर्या में मशगूल जैसे कुछ हुआ ही नहीं
ज़्यादातर पढ़े-लिखे, बातचीत में सुशील
नमस्कार करते, हाथ मिलाते
अजनबी भी निगाह मिलने पर मुस्करा देते हैं
शायद इनके बारे में ऐसा सोचना ठीक नहीं
लेकिन मुझे हर एक पर शक है यह मेरी बीमारी है
और एक अपराधी विजयी हुआ है यह समाज की बीमारी है

ग़लत चीज़ें अकसर
पवित्र क़िस्म की अश्लीलताओं से शुरू होती हैं

मगर लोग तो हैं इसी शहर में, पड़ोस में, घर में
दोस्तों, रिश्तेदारों में जिन्होंने मिलकर
इंसाफ़ के सामने पेश कर दी है इतनी बड़ी शर्मिंदगी
कि कठघरे में खड़े आदमी से कहना पड़ता है—हे, मान्यवर
और दुंदुभियों के कोलाहल में कोई आवाज़ ऐसी नहीं उठती
जो कहे—हमें चाहिए अपराधियों से मुक्त सरकार

ज़रा सोचें, हम में से हर दूसरा आदमी
अपराधियों का वोटर है

क्या यह सम्भव कर दिया है युद्धोन्मादियों ने
तानाशाही की इच्छा, विश्वगुरु की कामना, निराशा की ऊँचाई ने
किसके झूठ, किसकी गर्जना, किस प्रचार, किस बदले की भावना ने
किस लालच, किस डर, किसके घमंड ने
किसकी ज़िद, किसकी नफ़रत, किसके पाखण्ड ने
किस मिथक, किस इतिहास, किस व्याख्या ने
या ख़ुद के भीतर पल रही किसी अपराधी आकांक्षा ने

मुझे शक है, हर अच्छे-बुरे आदमी पर शक है
मैं उन्हें भी नहीं बख़्श पा रहा हूँ जो मेरे साथ खड़े दिखते हैं
कि जब चीज़ें पवित्र अश्लीलताओं से शुरू होती हैं
तो फिर वे चली जाती हैं अश्लील पवित्रताओं के किनारों तक।

2019

सर्वोपयुक्त
(सर्वाइवल ऑव द फ़िटेस्ट)

भूरी-कत्थई-पीली चट्टान के पीछे दुबककर
जो बदल सके अपने सिर को चट्टान के रंग में
या झाड़ियों के पीछे छिपकर
जो तबदील कर ले ख़ुद को एक झाड़ी में
मौक़ा आने पर मरे हुए की तरह
तपाक से लेट जाए ज़मीन पर

और जब देखे कि झिझक रहा है सामनेवाला
तो तुरन्त ही चला दे उस पर गोली।

2012

असली हत्यारे

इधर असली हत्यारों का कुछ पता नहीं चलता
वे रोज़मर्रा का जीवन जीते हैं चाय पीते हैं चौराहों पर
लेकिन वे हत्यारे हैं कोई कह नहीं सकता

जो पिस्तौल लटकाए घूमते हैं वे असली हत्यारे नहीं
चार गार्ड चलते हैं उनके साथ
उन्हें ख़ुद जान का ख़तरा है
कोई हत्यारा कहेगा उन्हें
तो वे आत्मरक्षा में चला सकते हैं गोली

इस बीच जिनकी हत्या हुई उनके परिजन,
मददगार, गवाह सब मरते चले जाते हैं
जैसे बाक़ी लोग मर जाते हैं
अपनी ख़ामोशियों में

तमाम विभागों की तमाम कोशिशों के बावजूद
असली हत्यारों का कुछ पता नहीं चल पाता
बरसों बाद इतना-भर मालूम होता है
कि जो बिना मुक़दमे के सालों-साल
सड़ गए जेलों में
वे हत्यारे नहीं थे।

2019

जवाब

जो कोई सवाल पूछता है उसे
रिवॉल्वर की पूरी छह गोली मारी जाती हैं :
    पहली उसके दुस्साहस के लिए
    दूसरी व्यक्तिगत राय रखने के लिए
    तीसरी उसकी मौत के लिए
    चौथी मौत की पुष्टि के लिए
    पाँचवीं अपनी घृणा के लिए
    छठवीं राज्य के प्रति
        निष्ठा के लिए।

2020

चुप्पी की वजह

वह चीख़कर पूछता है तुम्हारा नाम क्या है
तुम्हारा घर, कहाँ है तुम्हारा पहचान पत्र
तुम्हारे होने का सबूत
तुम उसकी तरफ़ देखते हो ख़ामोश आँखों से

तुम्हारी चुप्पी उस पर अपमान की तरह गिरती है
अपमान से आहत वह थर्ड डिग्री आज़माता है
तुम्हारा चेहरा ख़ून से लथपथ है लेकिन तुम एकदम चुप
उसे लगता है तुम अपनी चुप्पी से धमका रहे हो
कि कुछ भी कर लो मैं कुछ नहीं बोलूँगा

अब तुम्हारे गुप्तांग क्षत-विक्षत हैं
तुम्हारे जबड़ों पर सूजन है मगर वे भिंचे हुए हैं
उसे यक़ीन हो जाता है तुम अपनी ख़ामोशी से
उसे चिढ़ा रहे हो मानो चीख़कर कह रहे हो
मुझे कुछ नहीं पता मैं कुछ नहीं बताऊँगा

तुम्हारी यह चुप्पी ऊँची आवाज़ में बात करने की
आतंक और हिंसा की पर्यायवाची हो जाती है
आख़िर तुम्हें मार दी जाती है गोली

जिन लोगों ने अपना नाम, पता, आधार कार्ड, वोटर आईडी
ख़सरा, खतौनी, राशन कार्ड, लाइसेंस, अंकसूची, कर्फ़्यू पास
सब कुछ बताया था और अपना बेक़सूर होना भी
तुम्हारे सामने ही उन्हें आज सुबह
मार दी गई थी गोली।

2018

फिर

यहाँ लगे हैं बैरीकेड्स
इससे आगे होगा लाठीचार्ज
रैली के लिए जगह नहीं है शहर में

मंत्री महोदय से आप मिल नहीं सकते
ज्ञापन उधर चौकीदार को भी दिया जा सकता है

अब दूर हटें
सहनशीलता की भी एक मर्यादा है
यदि लगता है आप ही हैं ज़्यादा लायक़
तो चुनाव लड़कर हो जाइए विधायक
वैसे भी आँसू गैस पहले छोड़ी जाएगी

फिर?
    दिमाग़ फिर गया है तुम्हारा
    अब गोली चलाई जाएगी।

2015

निवेदन भी मुख़ालफ़त

मैं अदना कवि भला क्या कर सकता हूँ मुख़ालफ़त
मैं तो बताना चाहता हूँ अपनी कुछ मुश्किलें
सरकारों से भला मेरी क्या अदावत

मेरी आफ़तें, मेरी समस्याएँ कुछ और हैं
चिलचिलाती मई में उभर आया है अस्थमा
अमलतास के पीले फूल इस बार
झर गए हफ़्ते-भर में ही
सड़क किनारे जो छायादार पेड़ थे छत्तीस
रातों-रात काट चुका है उन्हें कोई ख़बीस

देखता हूँ तो लिखता हूँ
चौराहे पर एक बूढ़ी औरत
सात हज़ार साल से माँग रही है भीख
इतने ही बरसों से एक ग़रीब आदमी पड़ा है खटिया पर
उसके बच्चे गलियों में भटकते हैं चाटते हैं दोने
उसकी औरत पहले खोजती है काम फिर ग्राहक
मिलता कुछ नहीं

पहाड़ों से पिघली बर्फ़ समुद्रों तक नहीं पहुँची
लेकिन मेरे बच्चे पहुँच गए हैं महासागर पार
एक उत्तरी ध्रुव पर चला गया वहीं उसकी नौकरी है
दूसरा कभी-कभार फ़ोन करके कहता है लक्षद्वीप में हूँ
पलटकर फ़ोन लगाओ
तो बांग्ला में आवाज़ आती है लाइन व्यस्त है
तीसरे ने अपनी पसन्द से शादी कर ली जाति बाहर

अभी तक लाश नहीं मिली सो उम्मीद है
चौथा यहीं पीछे के मोहल्ले में रहता है
मगर वह पृथ्वी का कोई दूसरा हिस्सा है

इधर पत्नी अवसाद के बोरवैल में गिर गई है
मैं उसे ज़िन्दा रखने के लिए रस्सी से खाना-पीना लटकाता हूँ
वह कहती है दवाई दो दिलासा नहीं, कभी-कभी माँगती है दूध
मैं कहता हूँ बैंक ने एफ़ डी पर कम कर दिया है ब्याज
वह कहती है मुझे मत सुनाया करो सरकार विरोधी समाचार
इसी संवादी किलकिल के बीच कल सुबह उसने बताया
वह तिहत्तर की हो गई है
और उसकी मुश्किलें भी तिहत्तर की हो गई हैं
ऊँचा सुनाई देने से बात मुझे ठीक तरह समझ नहीं आई
उसी दरम्यान प्रसारित होने लगा राष्ट्र के नाम सन्देश

आख़िर देशप्रेम में पड़कर
कल मैंने बयान दिया है मैं किसी आशंका के डर से नहीं
घुटनों के आरथ्राइटिस की वजह से बाहर नहीं निकलता हूँ
इतने बुरे दिन नहीं आए हैं अभी दो सौ का डेटा डलवाकर
महीने भर सुने जा सकते हैं गाने नए-पुराने
संगीत भी थेरेपी है सकारात्मक बने रहेंगे
तो बाक़ी दिक़्क़तें भी ख़त्म होंगी एक दिन

लेकिन जब वह एक दिन आया
और न्यायालय में लगाई ज़मानत की अर्जी
तो कहा गया यह वही ख़तरनाक कवि है
जो बढ़ा-चढ़ाकर बताता है मुश्किलें, दहशत फैलाता है
हर वक़्त करता है सरकार की मुख़ालफ़त
यह कोई षड्यंत्र रच रहा है गम्भीर
इसने कूट भाषा में लिखा है अपनी डायरी में न जाने क्या
किसी को समझ नहीं आता
मगर हुज़ूर अगली तारीख़ से पहले ही हम
इस कमबख़्त से सब कुछ डिकोड करा लेंगे।

2019

यह भी एक आशा

सबसे ज़्यादा ताक़तवर होती है निराशा
सबसे अधिक दुस्साहस कर सकती है नाउम्मीदी

यह भी एक आशा है
कि चारों तरफ़ बढ़ती जा रही है निराशा।

2017

पहला प्रेम

यह जो मुझ पर गिरती है ओस
यह रात-दिन बजता है पार्श्व में जो संगीत
यह जो मिट्टी में से उठती है सुगन्ध
यह एक वृक्ष जो रहता है मेरे साथ
यह जो मैं अचानक हो जाता हूँ उदार
और यह चन्द्रमा जो उठाता है मेरे भीतर ज्वार

यह जो एक चट्टान है धसकती-सी
यह जो नदी है सिर्फ़ रेत से भरी
यह जो मुझमें हमेशा दिखती है कठोरता
यह उछाह जिसमें निराशा का है एक घाव
ये जो अधबनी फ़िल्म पड़ी है तलघर में
और यह जो मैं
मृत्यु का स्वागत करता नज़र आता हूँ।

2014

उस शाम में

शहर में दिन-भर भटकने के बाद
थक-हारकर बैठ जाता हूँ पुलिया पर
एक गिलहरी पंजों में अधपका फल दबाये
देखती है मेरी तरफ़ बार-बार

वह जीवित उत्सुक चपल दृष्टि

उस शाम में जैसे वह उषा की उजास
मेरे अस्तित्व का वही
        एक अकेला स्वीकार।

2014

भूदृश्य

झुकी हुई आम की यह डाल
जहाँ से देखा था बेसुध कर देनेवाला सूर्यास्त
यहीं हुआ था स्पर्श-दंश पहली बार
बचा रह गया है आम का यह पेड़ अकेला
जिसका तना अब कुछ ज़्यादा खुरदरा
जो दूर से ही दिखने लगा है उम्रदराज़

महुआ के पेड़ों के पीछे का तालाब
अब दिखता है बेडौल गड्ढे की तरह
जिसमें इकट्ठा पानी
अपने ही वैभव की काई-भरी परछाईं

इस भूदृश्य में फैली है व्यतीत की गंध
जैसे बिंधी रहती है वह शरीर में
किसी गुम संगीत की तरह
किशोर टखने में लगी पुरानी चोट की तरह

देख रहा हूँ आज भी यहाँ साँझ कुछ देर के लिए
अपना महीन, चुंबकीय जाल फैलाती है
धीरे-धीरे बस्ती की आवाज़ें क़ैद हो जाती हैं घरों में
तब टहनियों को एक तरफ़ हटाते हुए चमकते हैं तारे
देखते हैं कल की छूटी हुई अपनी ज़मीन

यही है वह दृश्य
जो रोशनी में घुली छाया की तरह
जीवन-भर साथ चलता है निश्शब्द

बरस बीतते हैं, गुज़रती चली जाती है उम्र
ज्यों अभी गुज़र रही है इस लैण्डस्केप में

यह जाती हुई शाम है जिसके भीतर खड़ा हूँ
और इस दृश्य का अनिवार्य अटूट हिस्सा हूँ।

2013

प्रेम की स्मृति में संभ्रम

जब तुम अपने प्रिय को विदा करने आते हो
एक भोंपू, सायरन या सीटी की आवाज़
तुम्हारी विकलता को ढाँप लेती है

प्रेम को एक दिन स्मृति की तरह भुगतना पड़ता है
प्रेम विलीन हो जाता है, रह जाता है उसका संभ्रम
वही प्रेम को देता है रहस्यमयी आभामंडल
और उसे बनाए रखता है चिरायु

अब तुम्हारी सन्दूक़ में ऐसा कुछ नहीं
जिसमें से हास्यास्पद या बेकार चीज़ें छाँटकर
फेंक सको समुद्र में
तुम ऐसा करके देख चुके हो
लहरें उन्हें वापस तुम्हारे तट पर पटक देती हैं
तुम उन्हें रेगिस्तान में फेंक आते हो
हवाएँ उन्हें उड़ाकर तुम्हारी नींद में ले आती हैं
रेत किरकिराती रहती है तुम्हारी आँखों में

स्मृति के भीतर है एक दूसरी स्मृति की कुंजी
एक पाताल खुलता है दूसरे पाताल में
फूल झर जाते हैं, बारिश बह जाती है
मौसम बदलकर नए हो जाते हैं
पत्थर पत्थर बने रहते हैं

अब पुरानी ग़लतियों से बचने की कोशिश में
तुम उन्हीं ग़लतियों को दोहराते हो

जैसे स्मृति में रहने का यह कोई नायाब तरीक़ा है
लेकिन चुनौतियाँ बनी ही रहती हैं अनेक
जैसे उस वक़्त को किस तरह याद किया जाए
कि वह सिर्फ़ प्रेम की तरह याद आए
ऐसे रसायन की तरह नहीं
जो चीज़ों को संरक्षित करने के लिए
उन पर लीप दिया जाता है

स्मृतियों से उठती है वही गंध
जो उठती है संग्रहालयों से
प्राचीन शिल्पों और पांडुलिपियों से
जो बारिश में उठती है शैलचित्रों से
मैदानों में घास की व्यतीत हरीतिमा से

अब दो शब्दों में हमारे बीच
दो शहरों की दूरी है
दो वाक्यों के बीच कई वर्षों की
दो स्मृतियों के बीच एक जीवन की

मैं जो एक विस्मय में गुज़ारना चाहता था अपनी आयु
अब किसी दूसरे विस्मय में गुज़ारते हुए सोचता हूँ
इस अचरज में नहीं जीना चाहता था
जिसमें प्रेम का संभ्रम उसी तरह रहा चला आता है
जैसे प्रेम।

2020

क़ीमत

किताबों में दबे हुए मिलते हैं
मुरझाए फूल, सूखी घास, जर्जर पत्तियाँ
तितलियों के जीवाश्म

इतने बरसों बाद हम समझ सकते हैं
किसी ने अपने जीवन से चुकाया है
स्मृति का मूल्य।

2020

व्यतीत

हमारे पास आख़िर हम ही रह जाते हैं शेष

फिर हम अपने पुराने पेड़ के पास जाते हैं
कभी बैठते हैं उस छोटी-सी पहाड़ी पर
देखते हैं ढलती शाम के आकाश का प्रिय कोना
उसके साँवलेपन में से उगता हुआ वह एक तारा
हमारी उम्र के आगे ये सब दिखते हैं शाश्वत
ये ही हैं जिनमें आया है न के बराबर बदलाव
और आज भी मुमकिन है इनसे भरोसे का सम्बन्ध

संसार जीतने के बाद जिनसे हँसकर होते थे परास्त
उनसे अन्तिम तौर पर हो चुके हैं पराजित
कोई दर्प नहीं, पश्चात्ताप नहीं

अब रास्ते में पड़ती हैं वे जगहें
जहाँ हुआ करते थे कुछ वाद्ययंत्र
अब उन पर सिर्फ़ धूल है
और उस धूल के ऊपर
फिर धूल है

वहीं से उठती है उजाड़ की गंध
और एक पुकार
जो भीतर के किसी गुम्बद में
फँसी रह जाती है हर बार।

2013

एक ही प्रेम

(संध्या की प्रशंसा में)

एक प्रेम काफ़ी है ज़िन्दा रहने के लिए
एक ही प्रेम नष्ट होने के लिए
पर्याप्त है एक प्रेम का दंड
एक का ही वरदान कर देता है धन्य
एक प्रेम की निराशा फैल जाती है दूर तक
और वही थाम लेता है आशा का चिथड़ा
एक प्रेम से ऊब पैदा होती है, उसी से तृप्ति
एक प्रेम सूर्योदय और सूर्यास्त के लिए
वही काफ़ी है रात में चाँद सितारों के वास्ते
एक प्रेम की व्यग्रता हो सकती है बर्दाश्त
सँभाली जा सकती है बस एक प्रेम की प्रसन्नता
एक प्रेम गर्व से कर देता है सिर ऊँचा
और वही बैठा देता है घुटनों के बल
जब कोई नहीं रहता, कुछ नहीं बचता
सब विदा ले चुके होते हैं तो अतल की तलहटी में
सूखे उजाड़ जीवन में टिमटिमाता है वही एक प्रेम
उसकी टिमटिमाहट दिखती है प्रखर रोशनी की तरह
जब सब तरफ़ कोलाहल, आपाधापी और घबराहट होती है
एक वही प्रेम हाथ थामकर देता है आत्मीय एकान्त
और वही धकेल देता है जीवन की भागमभाग में
एक ही प्रेम कर देता है जीना मुश्किल
और एक उसी के लिए तो अटकी हुई है यह साँस।

2017

आत्मा

यह अभी मेरे दुखते हुए सिर में है
कल शाम यह डूब रही थी सूर्य के संग क्षितिज पर
उगती हुई देर रात चन्द्रमा के साथ
इतवार की सुबह यह समर्पित थी अधीर चुम्बनों को
परसों दोपहर अपनी चुप्पी पर ख़ुद को धिक्कारती हुई

इसी में भरता रहा विषाद, इसी में प्रसन्नता
दर्शन और अध्यात्म की पकड़ से रही यह बाहर
बनी रही हमेशा बेचैन
कभी उठाती दूसरों के दुख
कभी नाचती अनजानी ख़ुशियों में
बीच में करती ख़ुद से ही वार्तालाप

जन्नत के झाँसे में आने के बजाय
एक दिन यह पाई गई जलेबी से भरे दोने में
एक रात यही लड़खड़ाकर गिर गई थी औंधे मुँह
यही बैठ जाती है आधी रात में गली की पटियों पर
अकेली उदास और अड़ियल

लेकिन जैसा मैंने पहले कहा—
अभी तो यह उपस्थित है मेरे दुखते हुए सिर में।

2012

ईर्ष्या

साम्राज्यों, सितारों, ग्रहों, कामनाओं
और वासनाओं को जीता जा सकता है
तुम पर विजय एक कठिन काम है

मुश्किल है तुम्हारा पीछा
तुम्हारी गति में शामिल है प्रकाश की रफ़्तार
भीतर कहीं घेरती हो ज़रा-सी जगह
लेकिन तुम्हारा द्रव्यमान घेरता है पूरा संसार
तुम नृशंसता, तुम क्रूरता, तुम प्रतिकार

तुम अर्जन में नहीं छीनने में करती हो भरोसा
दुनिया-भर को देती हो दोष, नहीं सोचतीं आगा-पीछा
जैसे ई = एम सी^{2} में तुम ही हो वह अक्षय अनश्वर
चुपचाप तैयार करती रहती हो अपने भीतर परमाणु बम
अंगारे खा जाती हो, जला डालती हो पूरा जीवन
ओ परजीवी, जिस पर पलती हो
उसी को चबाती हो

मृत्यु-शैया पर लेटे इस आदमी के चेहरे पर
दिख रही हैं जो खरोंचें : वे तुम्हारे नाख़ून हैं
और जो कुछ सुख दिखता है
वह तुमसे पिंड छूटने की विश्रांति है।

2019

क्षमा किए जाने की प्रतीक्षा में

एक

चाँदनी ख़ुशनुमा रातें भी हो जाती हैं असहनीय
शांत पोखर में उठने लगती हैं बेचैन लहरें
जैसे ही कभी आता है ध्यान
कि हमने अपने जीवन में
कितने लोगों के साथ किया दुर्व्यवहार

उनमें से कुछ हमारे साथ अभी रहे चले आते हैं
अनेक जा चुके हैं नामुमकिन दूरियों तक
उन्होंने हमें क्षमा कर दिया या नहीं
वे कभी हमें माफ़ करेंगे या करेंगे ही नहीं
यह हम किसी तरह पता नहीं कर पाते

मौक़ा देखकर उन्हें याद भी दिलाते हैं
कि हम बहुत शर्मिंदा है अपने उस बर्ताव पर
लेकिन उधर से मुस्कराकर कहा जाता है
कि आप भी भाई, किधर की बात लेकर बैठ गए
या संजीदा जवाब आता है
ऐसी कोई घटना उन्हें याद नहीं

परन्तु हम याद कर सकते हैं
कि कुछ लोग बुरा मान जाते हैं जीवन-भर के लिए
कुछ ने सोचा था मुक़दमा दायर करने के बारे में भी
और अनेक लोग भुला देते हैं हमारी हरकतों को
लेकिन माफ़ नहीं करते

हमारी क्षमा याचनाएँ सूखी पत्तियों की तरह
धूल के बगूले में चक्कर खाती रहती हैं

फिर एक दिन हम सोचते हैं कि दोस्तों ने
हमारे झाँसों, हमारी कुटिलताओं को भुला दिया है
बच्चे कहते हैं हमें याद नहीं कब आपने
बेमतलब डाँटा था या कर दी थी पिटाई
स्त्रियाँ हँसती हैं जैसे वे बिसरा चुकी हैं तमाम अपमान
मगर हम जानते हैं कि इन्हें सब कुछ याद है
और अब इस उमर में हमें यह जताकर
शायद वे कोई दुख नहीं पहुँचाना चाहते

लेकिन समझ सकते हैं कि इस बारीक़ तरीक़े से
वे हमें क्षमा भी नहीं करते।

दो

कभी-कभी कुछ अजीबोग़रीब बातें उठती हैं मन में
जैसे आज मैं पढ़ रहा हूँ यह किताब
जिसके शब्द बींध रहे हैं मेरा हृदय
मुझे कुछ नया बना रहे हैं
उसके लेखक को जीवन-भर
सिर्फ़ दुत्कार मिली और यातनाएँ
मैं तब पैदा भी नहीं हुआ था मगर
माफ़ी माँगना चाहता हूँ उस लेखक से

लेकिन वह आदमी अब इस दुनिया में ही नहीं रहा
और क्षमा माँगने के लिए मैं किसी कालखण्ड की
नुमाइंदगी भी नहीं करता
मगर मुझे लगता है मैं भी परम्परा में
उसका एक गुनहगार रहा आया
कलाकारों, लेखकों की उपेक्षा के अपराध
किसी रूढ़ि की तरह चले आते हैं आज तक
यहाँ तक

मैं अनधिकृत ही सही
अपने पूर्वजों, समकालीनों की तरफ़ से
माफ़ी माँगना चाहता हूँ तमाम दलितों से
अल्पसंख्यकों, घुमंतुओं और आदिवासियों से
जिन्हें बिना न्याय के थानों में जेलों में दम तोड़ना पड़ा
जो मारे गए युद्धों में, मुठभेड़ों में उनसे तो सबसे ज़्यादा

लेकिन लगता है यही वह एक इलाक़ा है
जहाँ क्षमा माँगने या माफ़ करने से नहीं
ग़लतियों को याद रखने और ठीक करने से ही
दुरुस्त होगा यह जीवन।

2012

इसलिए आशा

सख़्त सर्दियों का मौसम दाख़िल हो जाता है वसन्त में
शनिवार मुँडेर फलाँगकर कूद जाता है इतवार के मैदान में
गहरी धुंध से प्रकट होता है एक कम धुँधला दृश्य

अनुभव का आसरा यह है
कि धूल और लू भी आख़िर घुल जाती हैं बारिश में
और बारिश शरद की तारों-भरी रात में

नेत्रहीन कहता है मैं ध्वनि से
याददाश्त से देखने की कोशिश करता हूँ
और सरसराहट सुनकर पुकार लेता हूँ
कीड़ों, पतंगों और पक्षियों के नाम।

2016

कोई दूसरा ही जीवन

हर बार की ख़ुशी या तकलीफ़
हर बार का प्यार और बुख़ार
क्रोध या पश्चात्ताप
एक-दूसरे से एकदम अलग होते हैं

उन्हें ठीक-ठीक व्यक्त करने के लिए
हमेशा कम पड़ जाते हैं कुछ तरीक़े
कि बता सकें उसी तरह
वे घटित हुए वाक़ई जिस तरह

मैं भी अपने सुख-दुख को
न्यून कर देता हूँ कुछ शब्दों में
अब इनमें जो अर्थ हैं
वे पढ़नेवालों के अनुभव से हैं
जो अपने अनुभवों में इन शब्दों को रखकर
इन्हें एक नया जीवन देते हैं

लेकिन हर बार कोई दूसरा ही जीवन।

2016

मृत्युलोक

एक

वह संसार की भीड़ में दिखा एक चेहरा, जिसे भूला नहीं जा सकता।
जैसे तमाम मुखौटों के बीच सचमुच का कोई चेहरा। मुमकिन है वह आभासी चेहरों के बीच एक वास्तविक मुखौटा रहा हो। उस चेहरे पर विषाद नहीं था जबकि वह इसी दुनिया में रह रहा था। वहाँ कुछ प्रसन्नता थी लेकिन दुख के विलोम की तरह नहीं।

लगता था वह चेहरा इस दुनिया के लिए उपयुक्त नहीं।
मगर उसे अपने इसी चेहरे के साथ जीवन जीना होगा।
हालाँकि उसके चेहरे पर कोई विवशता नहीं थी।
वह देखनेवाले के चेहरे पर आ जाती थी।

उसे देखकर एक साथ अनेक चेहरे याद आते थे।
वह भूले हुए लोगों की याद दिलाता था। वह अतीत से बना था, वर्तमान में स्पन्दित था और देखते ही भविष्य की स्मृति का हिस्सा हो गया था।

वह किसी को भी एक साथ अव्यावहारिक, अराजक, व्यथित और असन्तोषी बना सकता था। उसके न दिख पाने की व्यग्रता और उत्सुकता यह सम्भव करेगी कि वह मेरे लिए हमेशा उपस्थित रहे।
उसका गुम हो जाना याद रहेगा।

दो

उसे देखकर रोज़मर्रा की कई अजीवित चीज़ें और भूदृश्य याद आए।
रात के तीसरे पहर की सड़क।

सिंघाड़ों से भरा तालाब। एक चारख़ाने का मेज़पोश।
श्वेत-श्याम तस्वीरों का एलबम। बचपन का मियादी बुख़ार।
स्टूल पर काँच की प्लेट और उसमें एक सेब। एक छोटा-सा चाकू।
सफ़ेद क्रोशिए के परदेवाली खिड़की। और फूलदान।

उस चेहरे में देखे-अदेखे कई चित्रों और शिल्पों का संग्रहालय था। वह चेहरा उस स्वप्न की तरह हुआ जिसे सिर्फ़ देखा गया। कभी पाया नहीं गया। कुछ सपनों का केवल स्वप्न ही सम्भव हो पाता है। लेकिन उस चेहरे की चोटें और खरोंचें इस बात के ख़िलाफ़ थीं कि वह महज़ एक सपना है।

तीन

अब वह कभी असम्भव संयोग से कहीं दिखेगा भी तो उसका इतना जल बह चुका होगा और उसमें इतनी दूसरी वक़्ती चीज़ें मिल गई होंगी कि वही चेहरा कभी नहीं दिखेगा। हर तरफ़ निर्जलीकरण होता रहता है—नदियों का, पृथ्वी का, कामनाओं का, प्रेम का। और हवाओं का। फिर वह तो एक कत्थई-भूरा चेहरा ही ठहरा।

वह कहीं न कहीं प्रत्यक्ष है लेकिन मेरे लिए हमेशा ओझल।
कई चीज़ें सिर्फ़ स्मृति में रहती हैं।
जैसे वही उनका मृत्युलोक है।

2012

दृष्टांत

घर-घर पाई जानेवाली उस पुस्तक में उपदेश थे, नैतिक कथाएँ थीं और चेतावनियाँ। जिसमें एक बात ख़त्म भी नहीं होती थी और दूसरी नई बात शुरू हो जाती थी। अर्धविराम की जगह पूर्णविराम थे। जहाँ पूर्णविराम होने थे, वे जगहें ख़ाली छूट गई थीं। कई सर्ग और क्षेपक एक-दूसरे के ख़िलाफ़ थे। विज्ञान में गति थी लेकिन पहिये का ज़िक्र नहीं था।

अनेक बातें प्रभु के मुँह से इतनी बार कहलवाई गई थीं जैसे भरोसा नहीं था कि ईश्वर द्वारा एक बार कह दी गई बात को, लोग उतना ही ठीक से समझ भी लेंगे। इसलिए जो नसीहत क्रमांक 27 में दी गई थी, वही क्र. 64, 159 और 387 में भी दे दी गई थी। इस तरह उस पर इतना ज़ोर पड़ा कि क्र. 407 तक आते-आते वह नसीहत टूट गई थी। हास्यास्पद हो गई थी ऐसा कहना ठीक नहीं होगा।

पढ़ते हुए उसने एक बार सोचा कि इस अलौकिक किताब को थोड़ा सम्पादित कर दूँ। कुछ वाक्य समकालीन भाषा में लिख दूँ। सही जगह विराम-चिन्ह लगा दूँ, अनावश्यक जगहों से हटा दूँ। दोहराए गए वाक्य किसी एक जगह पर इकट्ठे कर दूँ। स्फीति दूर करूँ और रफ़्तार के सम्बन्ध में आपाधापी और पहिया भी लिख दूँ। विरोधाभासों को दूर करूँ और जहाँ कुछ ऐसी ऐन्द्रिक पंक्तियाँ हैं कि ध्यान मूल पाठ से भटक जाता है, उन्हें भी इस ढंग से लिख दूँ कि मन की भटकन कम हो जाए।

और उसने सोचा, भला इस बात के लिए कोई बुरा क्यों मानेगा।
लेकिन घर में ही सबने कहा ऐसा सोचना भी पाप है। कुविचार है। दोस्तों ने कहा यह ख़ुराफ़ात है। बल्कि ऐसी हरकत है कि परिणाम में होगी हत्या और कहलाएगी आत्महत्या। यही कहलाती है दख़लंदाज़ी। इस तरह बताया

गया कि सम्पादन, प्रूफ़-रीडिंग, संशोधन या अद्यतन के पर्यायवाची पाप, कुविचार, हस्तक्षेप, ख़ुराफ़ात और ईशनिंदा हो सकते हैं।

आख़िर पड़ोसी ने अख़बार में एक तस्वीर दिखाकर प्यार से चेताया कि देखो, ऐसी हरकतों की वजह से ही आजकल भीड़ किसी आदमी को घेरकर रोज़ाना मारती है। जो पापी होते हैं वे मारते हैं पहला पत्थर। लेकिन अन्त में पापी तो वही कहलाता है जो मारा जाता है।

2017

कुछ समुच्चय

राष्ट्रीयता

दीवार पर लगे बल्ब को देखता हूँ
और सोचता हूँ एडीसन की राष्ट्रीयता के बारे में।

लोकतंत्र

आख़िर एक आदमी
जनता को कर ही लेता है अपने नियंत्रण में।

तब-तब

जब-जब तुम देखते हो आसमान की तरफ़
यहाँ नीचे ज़िम्मेदारों को बरी करते हो।

युगीन विडम्बना

ग़रीब को अभिशाप फलीभूत होते हैं
अमीर को वरदान।

अधिकृत पत्रकार-वार्ता

कमांडो बन्दूक़ से इशारा करके कहता है—
पूछिए, आप भी सवाल पूछिए।

उपलब्धि

क्षितिज पर इन्द्रधनुष की जगह
उग आया है त्रेता का धनुष।

विकास

जो एक वर्ग किलोमीटर के दायरे में भी एक सरीखा नहीं है।

भूमिका

बुद्धिजीवियों की एक भूमिका यह भी है
कि वे फैला सकें सच्ची निराशा।

इकाई

क्रूरता ही है सम्पत्ति की इकाई।

याचिका

मेरा बेटा इस लम्बी क़तार की जगह मोर्चे पर होता
तो वहाँ भी मर सकता था लेकिन मार भी तो सकता था।

प्रार्थना

एक शरणस्थली
सम्भव अपराध के पहले या फिर उसके बाद।

प्राथमिकता

वक़्त आए तो बीच में ही बाँसुरी बजाना छोड़कर
उस बाँसुरी से दुत्कारना पड़ता है कुत्ते को।

जरावस्था

जब हमारी गवाही देने की ताक़त कम होने लगती है।

कुशलता की हद

फिर एक दिन एक फूल को
क्रेन से उठाया जाता है।

कलागत सच्चाई

कई चीज़ें होती हैं जीवन में इतनी वास्तविक
कि कलादीर्घा में लटकी ऐब्सट्रैक्ट पेंटिंग्स की तरह दिखती हैं।

विचित्र समाज

जैसे ही कोई संकट आता है
आप विचित्र तरह से अकेले हो जाते हैं।

दुख
(चेखव के इतने बरस बाद)

आदमी, बैल, घोड़ा, चिड़िया, मेरे आसपास कोई नहीं
इस मोटरसाइकिल से कैसे कहूँ अपना दुख।

वसन्त-1

दिन और रात में नुकीलापन नहीं है
मगर कहीं कुछ गड़ता है।

वसन्त-2

भूलती नहीं उड़ती-गिरती पत्तियाँ
अमर है उनकी उड़ान।

वसन्त-3

पीले, सूखे पत्तों के नीचे कुचला गया हूँ मैं।

कमाई

मैं उस तरह पाना चाहता हूँ तुम्हारा प्रेम जैसे कभी
प्यासे कौए ने कमाया था घड़े में रखा तलहटी का जल।

मिथुन

फिर संगीत भरता है ख़ाली जगहों में।

कोई और

मैं उसे देखता हूँ जैसे वह कोई और है
इस तरह मैं ख़ुद कोई और हो जाता हूँ।

प्रेम

एक उद्‌दाम निराशा, स्थगित अवसाद
उठा हुआ झाग।

विदा

तलहटी में हमेशा चिपकी रह जाती है राख।

शोक संगीत

वह अतींद्रिय एकान्त में सुरीला बजता है
कोई भी अन्यता उसे बदल देती है आर्तनाद में।

स्मृति की नदी

वह दूर से बहती आती है गिरती है वेग से
उसी से चलती हैं जीवन की पनचक्कियाँ।

बचपन की आवाज़

टीन की चादरों पर बारिश की कर्कश आवाज़
वर्षों बाद यकायक सुनाई देती है संगीत की तरह।

अधेड़ावस्था

दो बच्चे धूल में खेलते, गिरते-उठते
मैं उन्हें सिर्फ़ देखता हूँ।

आपाधापी

रास्ते के उस अनगढ़ पत्थर को रुककर देखने की
इच्छा को इस शहर में आज पूरे हुए तेरह साल।

सामाजिकता

हज़ार लोगों से मिलिए, हज़ार मुश्किलों से मुलाक़ात होगी
और उतनी ही तरह की जीवटताओं से।

विजेता

घर में घुसते ही गिरता हूँ बिस्तर पर
यह एक दिन को जीत लेने की थकान है।

हासिल

बच्चे बड़े हो जाते हैं
घर में उनके बड़े होने की स्मृति रह जाती है।

पुराना मानक

जब भी कहीं बरगद देखता हूँ
जाँचता हूँ उसे अपने गाँव में देखे बरगद से।

आमंत्रण

अमावस की तारों भरी रात में
निष्कम्प पोखर।

कविता

वह तुम्हें मरुस्थल या सुरंग के पार ले जाती है
और छोड़ देती है अजायबघर में।

कवि

वह अभिशप्त है कि अपनी व्यग्रताओं की
छायाप्रतियाँ बनाता रहे।

2004-2012

लम्बी कविता

अब नरक और स्वर्ग के दरम्यान, युद्ध और शान्ति के बीच
लाइब्रेरी और चंडूख़ाने, गुएर्निका और स्वस्तिक के बीच
चाह सकने की ताक़त और भूल न सकने की कमज़ोरी के बीच
केवल एक प्रेमिल अभिलाषा और लँगड़ी आशा का फ़र्क़ है
जिसे कई बार कुली की तरह पीठ पर लादकर चलना पड़ता है
थकान ज़्यादा होती है लेकिन चलना पड़ता है

और जब एक बुज़ुर्ग मुस्कराकर कोसता है इस ज़माने को
याद करता है तमाम अपमान, निराशाएँ, नाकामियाँ
कहता है बूढ़े बीमार आदमी से भागते हैं सब लोग दूर
सबसे पहले उसकी सन्तानें
फिर घुमा-फिराकर हर बात का सम्बन्ध जोड़ता है
अपनी तर्जनी पर लगे अमर निशान से
जो अब किसी चोट की नीलिमा की तरह दिखता है
सब उसकी बातों पर हँसते हैं कि कहानी है कितनी मज़ेदार
क्रिएटिव क़िस्म का पत्रकार इसे देखता है रिपोर्ताज की तरह
पूछता है क्या आप यह सब चाणक्य फ़ॉन्ट में लिखकर दे सकते हैं

जबकि बूढ़ा तो महज़ इसलिए मुस्करा रहा था
कि उसके वे दुर्दिन बीत चुके हैं और ये जो नए सामने हैं
उनके ख़िलाफ़ बस इतनी तैयारी है कि वह मुस्करा सकता है
जो उसका मज़ाक़ बना रहे हैं वे समझ नहीं पा रहे हैं
यह प्रहसन उन्हें 8% चक्रवृद्धि ब्याज पर
मिल चुका है उत्तराधिकार में

उधर दूर खड़ा एक अधेड़
मध्यवर्गीय दूरबीन से देखता है अपना वर्तमान
सोचता है उसके ऊपर सच्ची ज़िम्मेदारी क्या है
परिवार की, मोहल्ले की, देश की, पूरे संसार की
वह झटके में तय करता है सबसे बड़ी जवाबदेही है
कि वह किसी तरह ख़ुद जीवित बना रहे
इसी दरम्यान उसे हलाल करने लगता है यह ख़याल
कि ऐसा क्या है जो वह रतिक्रिया के
ठीक बीच में रोने बैठ जाता है फिर सुबह उठकर

सबको दिलाना चाहता है विश्वास वह नपुंसक नहीं है
परन्तु वेदना यही बची रहती है कोई नहीं करता विश्वास

दरअसल उसकी नौकरी हर नब्बे दिन में छूट जाती है
सौम्य-सपाट जीवन हर तरफ़ से हो जाता है किरकिरा
उजड़ने लगती है वह गृहस्थी जो पहले से ही उजड़ी थी
और सिर्फ़ बेडरूम की दीवार पर एक पुरानी तस्वीर में बची थी
अब उसका होना किसी दृश्य में किसी फ्रेम में नहीं अँट पाता
वह परिवार के ग्रुप फ़ोटो सहित धड़ाम
गिर पड़ता है रसातल में और अपने चारों तरफ़ मची
मारो-काटो-बचाओ चिल्लपों के बीच
देता है ख़ुद को दिलासा कि यह नहीं है
उसका अपना व्यक्तिगत पतन
यह तो निफ़्टी का बहुसंख़्यक महास्खलन है।

सबसे बड़ा संकट है
विदूषक भूल गया है वह विदूषक है

यह फूल को पत्थर होने से बचाने की चुनौती थी
और पत्थर को पत्थर की तरह बचाए रखने की नैतिकता
लेकिन स्वेच्छाचारिता के अन्त में बचता कुछ नहीं है
सिवाय आर्तनाद, चीख़ और रुदन के
सिवाय सन्ताप और हाहाकार के
इन्हीं सबने जीवन के सुरों को कर दिया है विस्थापित
अब कोई सुर नहीं मिलता दूसरे सुर से
संगीत कुछ दूसरी बात कह रहा है
संवादों में चल रही है अलग कहानी
दृश्य में दिखाई दे रहे हैं कुछ और ही दृश्य
लेकिन सबका मतलब एक हो चुका है

अब यह महज़ संगीत की बात नहीं रही
कि प्रतिभा होगी मोत्सार्ट के पास
तो महत्त्वाकांक्षा रहेगी राग दरबारी के मन में
और मूर्खता निवास करेगी सम्राट के मुकुट में

हमारे सामने है सिंहासनों का इतिहास और वर्तमान
इसी से लिख सकते हैं भविष्य जिसका आधार वाक्य है—
विधर्मियों की हत्याओं पर घरों में की जाएगी रोशनी

एक पवित्र स्थायी अशांति का नाम है 'प्रॉमिस्ड लैंड'
आख़िर में किसी को नहीं मिलती अपनी ज़मीन
सुई की नोक बराबर भी नहीं मिलता अधिकार
एक सनातन युद्ध मिलता है।

हम अख़बार पढ़ते थे
जैसे मध्यकाल का इतिहास

फिर दम तोड़ देती है मनुष्य होने की नैतिकता
मेहनत के बरअक्स परचम लहराती है रईसी की नैतिकता
हर देश-काल में चुनौती बनती है स्त्री की नैतिकता
धर्मालयों में बजती रहती हैं घंटियाँ, चीख़ते हैं लाउडस्पीकर
गुंबदों पर चढ़ती चली जाती है ऐश्वर्य की नैतिकता

जैसे कुंठा और ताक़त के मिश्रण की नैतिकता
जैसे विधायक या बुलडोज़र होने की नैतिकता
समरथ को नहीं दोस गुसाईं की नैतिकता
पूँजी-क्रिया विशेषण कार्पोरेटी सन्धि-समास की नैतिकता
अनैतिक नैतिकताओं की आनुवंशिकता है लम्बी
सभी के फ़िंगर प्रिंट्स एक हैं, एक है डीएनए
सत्य लेकिन विचित्र एक हैं सबके घोषणा-पत्र

यह लाखों साल पुरानी बात हुई सो परम्परा हुई
कि चरम सभ्यताओं को नष्ट कर देती हैं चरम असभ्यताएँ
हत्याओं के फ़ैसलों के बाद भी साबुत रहती है क़लम की नोक
घर-घर में, गली-गली में लगी हैं सूलियाँ, टपकता है ख़ून
पारा चढ़कर पहुँच जाता है 451 डिग्री फ़ैरनहाइट
धू-धू करके जल उठती हैं किताबें
बुद्धि के अन्त से निकलकर आते हैं संसार के योद्धा निर्मम।

यह साधारण वसन्त नहीं
इस पर मोरपंखी चकत्ते हैं

अब श्रृंगार हो ऐसा
विनाश का मलबा दिखे वसन्त की तरह
दुराचार कर ही लेगा सदाचार का अभिनय
धर्मयुद्ध में सभी दुराचार हो जाते हैं सदाचार
महापुरुषीय हिंसा तो अहिंसा है
आम चुनाव में भी जमा नहीं कराए जा सकते उनके हथियार
जनप्रतिनिधि की हिंसा हिंसा नहीं रायशुमारी है
कैबिनेट की हिंसा हिंसा नहीं अधिनियम है
जैसे न्यायालय की हिंसा हिंसा नहीं न्याय है
एंकर की हिंसा हिंसा नहीं समाचार है
पुलिस की हिंसा हिंसा नहीं
व्यवस्था है

फ़रियादी गुहार लगाता है न्याय चाहिए
वकील कहता है यह अवमानना है
अभी तो रिमांड चाहिए
मानवाधिकारी न्यायाधीश देते हैं सलाह
थाने में क़तई न की जाए मारपीट
इंस्पेक्टर अर्ज़ करता है—यातना देने के औज़ार
ख़रीदे हैं सरकारी बजट से, हुआ है उनका लेखा परीक्षण
कुछ मिले हैं दान में एन आर भाइयों से
समितियों की रिपोर्ट है थर्ड डिग्री से कोई नहीं मरता
ज़मानत न होने से मरता है लेकिन यह तो न्याय का मसला है

पिटता हुआ आदमी चीख़ता है मैं नागरिक हूँ
मुझे मेरे अधिकार दो, प्रताड़क करता है अट्टहास
कोई नहीं है यहाँ नागरिक, तुम एक धर्म हो, जाति हो,
प्रान्त हो, तुम एक भाषा हो, केन्द्रशासित हो, कर्फ़्यूग्रस्त हो
दरअसल तुम एक फटी हुई जेब हो
और दुनिया की विशालतम पार्टी के सदस्य तक नहीं हो

फिर भी चाहते हो अहिंसा, सदाचार
चाहते हो सत्यमेव जयते तो देखो सामने दीवार पर
तस्वीर के नीचे हमने लिख दिए हैं सारे सुभाषित
तस्वीर का आदमी तो रहा नहीं संसार में
परन्तु हमारे मन में है इतना सम्मान कि गर्वनर तक
इसी तस्वीर के बग़लगीर होकर करते हैं दस्तख़त।

वह प्रत्याशित को भी
कर सकता था अप्रत्याशित तरीक़े से

अगस्त की एक रात में होती है तेज़ बारिश
पौ फटने तक बह जाते हैं सारे रास्ते
टूट चुके होते हैं तमाम पुल, बन्द हो जाते हैं दर्रे
यह बर्फ़बारी का मौसम नहीं है मगर बर्फ़ के नीचे
दब जाते हैं फूल, इच्छाएँ, आशाएँ और घास
केवल यातनाएँ चमकती रहती हैं बर्फ़ के ऊपर
अब आप कह सकते हैं—अगस्त सबसे क्रूर महीना है

अगस्त में ही हुआ था सबसे बड़ा धमाका
अगस्त की तारीख़ों में से उठता था विकिरण
अगस्त में ही मज़लूमों का आत्मसमर्पण
अगस्त में हुए देह के दो टुकड़े
अगस्त में ही आत्मगौरव का शिलान्यास
विपदाओं के बाद बचे रहते हैं जर्जर शरणार्थी दिल
जो उठाते रहते हैं सारी मुसीबतें चुपचाप

लेकिन आप मत कहिए हम किसी यातना शिविर में हैं
हमारी ये उजड़ी तस्वीरें झूठी हैं, झूठी है सुबह की यह कालिमा
झूठी हैं हम पर तनी बन्दूक़ें, साइरन की ये आवाज़ें झूठी हैं
ख़ून की लकीरें झूठी हैं, झूठे हैं एनकाउंटर्स, ये चीख़ें झूठी हैं,
झूठे हैं ये घायल जिस्म, चींथ दी गईं स्त्रियाँ झूठी हैं
घर की दीवारों पर झूठे हैं गोलियों के निशान
संगीनों पर टँगी लाशें झूठ की प्रतिलिपि हैं, महाझूठी हैं
कौन कह सकता है हम यातना-शिविर में हैं

जो कह देगा वह शख़्सियत झूठी है
सच्ची है सिर्फ़ हमारी चुप्पी लेकिन सच्चाई हमारी झूठी है

हमारा कुछ कहना इस क़दर बेमतलब है
कह दें तो मानेगा कौन, न कहें तो समझेगा कौन
हमारी आवाज़ पर निगाह है, निगाह है की-बोर्ड पर
हमारी आँख की पुतलियों पर है निगरानी
अब नहीं बचा कुछ भी व्यक्तिगत
न प्रेम, न विश्वास, न बर्बरता, न मृत्यु
इसलिए सार्वजनिक चौपाल पर यूनिकोड में लिखते हैं
कि जब तक मुमकिन है ज़िन्दा हैं
तुम बन्दूक़ तानकर कहते हो मान लो तो मान लेते हैं
हम नहीं हैं किसी यातना-शिविर में

अब हम हँसकर सोचते हैं
तो तुम्हें लगता है डरकर सोचते हैं
चुप हो जाते हैं तो तुम सोचते हो डर चुके हैं
हमारी यह हँसी, यह चुप्पी तो मुश्किलों से जूझने के
पुराने तरीक़ों का कुछ अफ़सोस है, कुछ नवीनीकरण
जबकि सैटेलाइट से हो रहा है मुनादी का सीधा प्रसारण
शैतान को गले लगाकर प्यार करो
हार्दिकता से, शांति के लिए, अपने मोक्ष के लिए प्यार करो
यही नियम है, संधि है, यही परंपरा की लकीर है
कोई कह नहीं सकता ग़लत है क़ानून
चौराहे पर घेरकर मारने की नज़ीर है।

कई चीज़ों के लिए हम अग्रिम हैं
कई चीज़ों के लिए हो चुकी है देर

शेष आदमियों की जेब से बरामद होता है
वही एक सनातन शोक-गीत—

आदमी को ज़िन्दा रहने के लिए
विचार, प्यार, सम्मान और बेहतरी

सबकी ज़रूरत एक साथ होती है
वरना आदमी सोचने लगता है
मैं अब किसी पर बोझ नहीं बन सकता
न किसी आकांक्षा या कंधे पर, न किसी हृदय पर
और न ही इस अनुर्वर दृश्य पर
बेहतर है मेरा बोझ लोहे की कड़ी उठाए

कितने लोग याद आते हैं
जिजीविषा से भरे प्यारे लेखक,
संगीतज्ञ, चित्रकार और पड़ोस की वह लड़की
जो हँसकर मौसम का मिज़ाज ठीक करती थी
वे सब लोग कायर नहीं थे
इसके लिए विराट साहस की दरकार होती है
मरने के लिए काफ़ी है ज़रा-सी शर्मिंदगी
कमीनगी ही लम्बी आयु की कामना करती है

कायर अक्सर लौट आते हैं कगारों से
जीवन केवल तब पूरा नहीं होता
जब वेंटिलेटर हटा लिया जाता है
और एक सर्द राहत फैलती है बरामदे में
इतनी लिजलिजी प्रतीक्षा नहीं की जा सकती
अब क्या बात रोकती है तुम्हें?
आनेवाले बच्चे की हँसी, मादक केशराशि
सदियों से भुलावा देता एक फूल, कोई सहानुभूति
प्रेम की किरच, हवाओं में उड़ते इच्छाओं के रेशे
फ़सल कटाई के गीत, सूर्योदय का दृश्य
समुद्र का किनारा या चाँदनी रात

ज़्यादा वासना ठीक नहीं
सूखी पत्तियाँ उड़ती हैं, फिर वसन्त आएगा
यह सोचना चीज़ों को व्यर्थ लम्बा खींचना है
उम्मीद कभी ख़त्म न होने वाली सुरंग है
और तुम थक चुके हो
तुम्हारे जन्म पर तुम्हारा कोई वश न था

लेकिन इस वजह से किसी को
विवश नहीं किया जाना चाहिए
मेरा हासिल है मैंने असन्तोष के साथ जीवन जिया।

अन्धी नहीं रही न्याय की देवी
राजनीति ने खोल दी हैं उसकी आँखें

मृत्यु हमेशा की तरह यशस्वी है
कोई मर जाता है भीड़ में फँसकर
कोई बन्द कमरे में निर्विकार और तटस्थ
अकाल मृत्यु किसी का यश नहीं

कोशिश रहती है दृश्य में प्रतीत हो ऐसा
मानो लोग मरे हैं किसी प्राकृतिक दुर्घटना में
यों भी हत्याएँ हमारा आन्तरिक मामला हैं
किसी को नहीं, किसी दूसरे देश को क़तई नहीं
संयुक्त राष्ट्र संघ को भी नहीं हस्तक्षेप का अधिकार
जनता रैली में गोलीबारी के बाद
पीछे छूटे जूते-चप्पलों की तस्वीर
प्रकाशित है पूरे पृष्ठ पर चेतावनी की तरह
विज्ञापन ही हैं अब अन्तिम चेतावनियाँ

तब घेरता है एक संशय एक स्यातवाद एक सवाल
कि इक़बाल की शायरी सच मानी जाए
या नानावटी-मेहता कमीशन की रिपोर्ट
या ज़मानत के लिए मोहताज उस आदमी की गवाही
जो अकेला ही लड़ रहा है अपनी हत्या का अग्रिम मुक़दमा
मारे जा चुके हैं गवाह
मुख्य आरोपी जेल से बाहर आया है इतना प्रसन्न
भंडारे के परचों से पट गए हैं एअरपोर्ट के पेशाबघर तक

कुछ पीड़ित बचे हुए हैं अभी
कि बने रह सकें बेइज़्ज़त।

वह करता था हर मुसीबत का
एक आध्यात्मिक अनुवाद

शताब्दियों से चीज़ें बिलकुल वैसी नहीं हैं
जैसा उपदेशक-ग्रंथ भरमाता है
और सुलेमान अपना गीत ऊँची आवाज़ में गाता है
कि हर चीज़ का अपना एक वक़्त होता है
और हर काम का अपना एक समय

मगर आप देख सकते हैं दो हज़ार साल बाद भी
हमारे लिए किसी बात का कोई ठीक समय नहीं
इस आकाश के नीचे किसी चीज़ का
हमारे लिए कोई वक़्त मुक़र्रर नहीं
हम अपने प्रसव के वक़्त से पहले पैदा हुए
हम मर जाएँगे इंसानों के मरने के वाजिब समय से पहले
हमारे पास अपनी ज़मीन नहीं, खेत नहीं, पानी नहीं
हमारे लिए कैसे तय हो सकता है कोई समय
रोपाई का, निंदाई या फ़सल कटाई का

हमारे तो दुत्कारे जाने का भी कोई समय नहीं
न बीमार रहने का वक़्त है, न स्वस्थ रहने का
न चोट खाने का और न ही ज़ख़्म भरने का
कोई समय नहीं हमारे हँसने-रोने का
न शोक करने का वक़्त है, न नाच-गाने का
न पत्थर फेंकने का, न उन्हें समेटने का
आलिंगन करने, विदा लेने का कोई समय नहीं
कुछ पाने के वक़्त के बारे में तो हम सोच भी नहीं सकते
लेकिन खो देने का सही वक़्त हमेशा हमारे पास है

नहीं पता कौन-सा वक़्त अच्छा है हमारे बोलने
या ख़ामोश रहने का
हम तो जब भी हम कोशिश करते हैं कुछ कहने की
वही बन जाता है हमारे लिए बुरा वक़्त
प्यार करने, बैर करने का कोई समय नहीं

हम फँसे रहते हैं किसी न किसी चक्रव्यूह में
उलझे रहते हैं दूसरों के झंझट में
और शान्ति के समय की कामना करना
जैसे कुफ्र है।

आकाश में अनुपस्थित चन्द्रमा ने बताया
कृष्ण पक्ष में हमें कुछ इन्तज़ार करना चाहिए

कई बार हम उम्मीद रखते हैं लेकिन साहस खो देते हैं
तो यह ऐसा ही है कि उम्मीद भी खो देते हैं
किसी को एकांगी, एकाकी पाने का मतलब है उसे खो देना

हम क्रोध भी करते हैं तो अपनी ही आँतें
सबसे सस्ती सबसे वैभवशाली कैंटीन में लटका देते हैं
लो, खाओ यह हमारी तरफ़ से है सीधा अनुदान
एक लम्बा सिलसिला है कुम्हलाई आँतों का
लेकिन इस से भी अव्यवस्थित हो जाती हैं व्यवस्थाएँ
जो निगाह रखती हैं और रजिस्टर करती हैं
कि आख़िर अपनी मुश्किलों में हम
कहाँ जाकर शरण लेते हैं—शराबख़ानों में, जंघाओं में,
घबराहट में, रैलियों में, शब्दों में, दंतकथाओं में
संगीत में, पेंटिंग में, प्रार्थनाओं में या फ्लुऑक्सेटीन में

एक उड़ती चिड़िया दिखाकर
धोखे से कर दी है सामूहिक अंगविच्छेद की रस्म
एक फ़ाइटर जेट दिखाकर पूरे क़बीले पर चला दी गई है गोली
जबकि वे सब तो यों भी भूख, अपमान, उपेक्षा और शर्म से
और पहचान-पत्र न होने से दो-चार दिन में मरने ही वाले थे
रोज 'ओडेसा स्टेप्स' पर होती है सच्ची रिहर्सल
लोग लुढ़कते हैं तो सचमुच लुढ़कते ही चले जाते हैं

एक प्रेसवार्ता, दो भाषण और तीन नारों की ओट में
रख दी गई हैं लाशें
देर रात उन्हें बुहार दिया जाएगा झाड़ू से

बनी रहेगी सबसे स्वच्छ शहर होने की उम्मीद
और वह मलिन दृश्य जिसमें से
हम गुज़ारते हैं अपना यह रोज़ाना का जीवन
और उसे बनाना चाहते हैं इतना भर सहने लायक
कि दुर्गंध के ऊपर न लगाना पड़े गमलों की पाँत
मगर हमारी यह आकांक्षा भी हर बार
हो जाती है किसी आत्मीय सम्बोधन का शिकार

हम जो जान गए हैं पत्थरों से लेकर तीर कमान तक
गोफन से डायनामाइट और कम्प्यूटर तक
मिसाइल से मोबाइल और ए आई तक
यह सफ़र एक दिन का नहीं, लम्बी तीर्थयात्रा है
जिसके मुक़ाम पर पहुँचकर ख़बर मिली है
        विकास मन्दिर तो एक खंडहर है

जबकि मुद्दा यह था कि तुम एक सूखे तिनके से
नालों में धँसे सफ़ाईकर्मी और एक बिलखती स्त्री से
कैसा व्यवहार करते हो
और उस उदासी को देखते हो किस तरह
जब सूर्योदय होते ही समानांतर याददाश्त भर जाती है
अग्रेषित सन्देशों के जयकारों से
वास्तविकताएँ गुम जाती हैं अवास्तव की झाड़ियों में
और स्मृति के कोटर में इतनी जगह भी नहीं बचती
कि जहाँ रखा जा सके अपना कोई विस्मय
या अवसाद का छोटा-सा टुकड़ा।

यह तकलीफ़ लोकतंत्र से नहीं
उसके अपेंडिक्स से हो सकती है

सुनते हैं एक मनुष्य भी चौबीसों घंटे मनुष्य नहीं रह पाता
बीच में एक-आध घंटे के लिए हो जाता है अमानुष
तो तय है कि एक अमानुष भी
चौबीसों घंटे नहीं रह सकता अमानवीय
बीच में कुछ देर के लिए हो जाता होगा मनुष्य

इसी आशा में कितने लोग आपको बताते रहते हैं अपने दुख
करते हैं सवाल, भेजते रहते हैं आवेदन नाना प्रकार—

हम लाखों सालों से इस पृथ्वी के वासी
हम जय श्रमिक, जय किसान
हम सब उठाए जा रहे हैं ठेके पर
हम नहीं छोड़ना चाहते पुरखों की जगह
बस, इतना ही अपराध
हम आए हैं कुछ कहने, सुनो हमारी बात

जब चुनावी सभा और ऑटो एक्सपो के लिए
आवास मेलों और सैकंड्स की सेल के लिए
बीच शहर में इस चौराहे पर सबको है जगह
तो हमारे लिए भी होनी चाहिए कुछ जगह
ये सब शहर की छाती पर
तान लेते हैं तंबू कीला गाड़कर
जिन्हें सब कुछ हासिल है बिना अनशन
क़ानून है, नियम है, अनुमति है इतनी
कि अगर चले जाते हैं वे दूसरे देश भी
तो उनकी सम्पत्ति करती है यहाँ शासन

हमारे पास उस जगह का भी पट्टा नहीं
जहाँ रहे चले आते हैं कई सदियों से
आप कहते हैं हम कोढ़ हैं हम खाज हैं
जबकि हम सिर्फ़ दुखी हैं और नाराज़ हैं
थोड़ी जगह दो हमें जहाँ बैठकर कह सकें
हम भी इसी देश इसी गणतंत्र के हैं
आपके निर्माण में हमारी भी कुछ मिट्टी है
कुछ ख़ून है, पसीना है, कुछ नासमझी है
मगर सब तरफ़ लगे हैं बैरिकेड्स
लाठियाँ, पैलेट गन और आँसू गैस

आप धमकाते हैं इस नए राजकाज में
शहर के बीच नहीं हो सकता अनशन

कि हम शहर में पैदा करते हैं दिक़्क़त
दुनिया-भर में कर देते हैं बदनामी
और इतना भी नहीं समझते यह जगह है
एक लाख रुपये प्रति स्क्वायर फ़ुट की

ख़बर दी जा रही है जैसे किया जा रहा है ख़बरदार
बत्तीस मील दूर बनायी गई है अनशन की जगह
फिर भी आए हैं हम यहाँ शहर के बीचों-बीच
जानते हैं यही है शहर में अनशन की सच्ची जगह
कहा जा रहा है नहीं, यहाँ नहीं, बिलकुल नहीं
ज़िलाधीश ने तय कर दी है जो जगह जाएँ वहीं
समझा रहे हैं इनोवा पर लगे लाउडस्पीकर से
जतलाया है फिर हैं दूसरे तरीक़े भी

निवेदन बस इतना है माननीय
अब हम भी समझने लगे हैं काफ़ी कुछ तरीक़े
आवेदन के अन्त में आपकी समझाइश के जवाब में
ढीठ सवाल यही है कि अनशन करने
हम भवदीय इतनी दूर कैसे जाएँ
और क्यों जाएँ?

यह उस अफ़सोस का निशान है
जिसमें हमने अपना सिर पटक दिया था

सामाजिक आपदा है विकट
जिन्हें ठीक से रहना चाहिए जीवित
वे मौक़ा आने पर हड़बड़ाकर ख़ुद ही मरते चले जाते हैं
तो बाक़ी लोगों के लिए कारगर हो जाता है पुराना तरीक़ा
आदमी का पीछा करो, लगातार पीछा करो
उसे महसूस होता रहे, किया जा रहा है पीछा
सड़क पर पीछा करो, नींद में पीछा करो
आधार बनाकर पीछा करो, ऐप लगाकर पीछा करो
और किसी सपने में पकड़ लो रँगे हाथों
बन्द कर दो समर्थन के पिंजरे में

कहो, इसे वापस शेर बनाया जा सकता है
लेकिन इसके लिए ज़रूरत होगी दो-तिहाई बहुमत की

कुछ लोग मर गए हैं मगर डरने की ज़रूरत नहीं
जो लोग मरे हैं वे सुदूर अहिंदी भाषी प्रांत में मरे हैं
अपने जबड़ों की चौकोर हड्डियों की वजह से मरे हैं
उनकी मिचमिचाती आँखें भी कुछ कम गुनहगार न थीं
उन पुतलियों में नहीं चमकती थी हमारी विरासत
व्यवस्था किसी के जबड़े या आँखें नहीं बदल सकती
परन्तु उनसे निजात दिला सकती है
उस राज्य से सरकार को बहुत आशाएँ थीं
मगर वह लगातार जा रहा था घाटे में
करना पड़ा उसका निजीकरण
विनिवेशीकरण की सूचना अख़बार में कल आएगी

दसों दिशाओं से उठती ये आवाज़ें, यह जुलूस, यह क़व्वाली,
यह काँवर, यह संकीर्तन, ये प्रार्थनाएँ हैं जन-गण-मन के लिए
कभी मुसीबत आएगी, ज़लज़ला आएगा, तूफ़ान आएगा
पड़ोस से निकलकर ही आएगा कोई हत्यारा
तो आपको क़ानून नहीं बचाएगा
संविधान नहीं आएगा रक्षा करने
तब आपको हमारा धर्म बचाएगा
कार्यकर्ता बचाएगा, ड्रेस कोड बचाएगा
जो आप दे रहे हैं वह चन्दा बचाएगा।

सैंसर्ड फ़िल्म को मिले हैं चालीस नामांकन और सत्ताईस पुरस्कार

बुरे दिनों की अच्छाई है कि वे इंसानों को
दुर्दिनों में भी कई तरह से जीना सिखाते हैं
अब कलाप्रिय कलाकारों को चाहिए कि यथार्थ को
इस तरह पेश करें कि जीवन उतना ख़तरनाक न दिखे
जितना वह दरअसल है

इस तरह वह युग आता है
जब कलाएँ झूठ रखने के लिए
बन जाती हैं सबसे सुरक्षित सन्दूक़
प्रतिरोध के शिल्प में गाए जाते हैं प्रशंसा गीत

मगर राहत है और आफ़त है एक साथ
कि बने रहते हैं कुछ लोग हर काल अकाल में
जो अपनी क़ै में लिथड़कर भी
बकते रहते हैं जुनूँ में न जाने क्या-क्या
कुछ अभिधा में, कुछ व्यंजना में, कुछ ग़ुस्से में
कुछ व्यग्रता में, कुछ दुस्साहस में
मिलते हैं अनसोचे सीमान्तों पर
ज्वालामुखियों के किनारे, अन्तिम मुहानों पर
लिखते हैं, बोलते हैं, पुकारते चले जाते हैं
इतनी दूरी तक कि कोहरे में खो जाते हैं

उनकी सुनी-अनसुनी गुम पुकारों में दर्ज हैं
हमारे ही लोगों के तमाम धोखे, मौक़ापरस्तियाँ और लालच
उन्होंने वहीं लिख दिए हैं दुख और दुखों के कारण
वहीं लिखा है उनका निवारण भी
और जो मारे जा चुके हैं हर पंक्ति, हर पैराग्राफ़ में
हर हिस्से में, हर भाषा, हर एक अध्याय में
यह शोक सभा उन्हीं की है
यही है अग्रिम शोक सभा उनकी भी
जो सोचते हैं कि वे बचे रहेंगे बाक़ी।

संदर्भ

गुएर्निका— 1937 में मशहूर चित्रकार पाब्लो पिकासो द्वारा बनाई गई एक युद्ध-विरोधी पेंटिंग।

निफ्टी— नेशनल फिफ्टी; नेशनल स्टॉक एक्सचेंज में सूचीबद्ध 50 प्रमुख शेयरों का सूचकांक।

मोत्सार्ट— संसार प्रसिद्ध, अत्यंत प्रतिभासम्पन्न, ऑस्ट्रियन संगीतकार।

451 डिग्री— फ़ैरनहाइट इकाई में वह तापक्रम जब काग़ज़ अपने आप जलने लगते हैं।

एन आर— नॉन रेजिडेंट; अनिवासी।

अगस्त सबसे क्रूर महीना है— टी एस एलियट की कविता 'द वेस्ट लैंड' की एक पंक्ति से प्रेरित।